Paleo Köket

Utforska Maten från Våra Förhistoriska Förfäder och Få En Ny Syn På Hälsa och Kost

Sara Lindqvist

Innehållsförteckning

Rökt babyback revben med äppel-senapssås ... 8
Revben ... 8
Sås 8
Ugn BBQ Fläsk i lantlig stil med fräsch ananassallad ... 11
Kryddig fläskgulasch ... 13
Gulasch ... 13
Kål 13
Italienska korvköttbullar Marinara med skivad fänkål och löksås ... 15
Köttbullar ... 15
Marinara ... 15
Fläskfyllda zucchinibåtar med basilika och pinjenötter ... 17
Curried fläsk och ananas "Noodle" skålar med kokosmjölk och örter ... 19
Kryddigt grillat fläsk med syrlig gurksallad ... 21
Zucchini-Crust Pizza med soltorkad tomatpesto, paprika och italiensk korv ... 23
Rökt citron-koriander lammlår med grillad sparris ... 25
Lamm Hot Pot ... 27
Lammgryta med sellerirotnudlar ... 29
Franska lammkotletter med granatäpple dadelchutney ... 31
Chutney ... 31
Lammkotletter ... 31
Chimichurri lammkotletter med sauterad Radicchio slaw ... 33
Ancho-och-salvia-gnidade lammkotletter med morots-sötpotatisremoulad ... 35
Lammkotletter med schalottenlök, mynta och oregano rub ... 37
lamm ... 37
Sallad ... 37
Trädgårdsfyllda lammburgare med röd paprikacoulis ... 39
Red Pepper Coulis ... 39
Hamburgare ... 39
Dubbla oregano lammkabobs med tzatzikisås ... 42
Lammkabobs ... 42
Tzatzikisås ... 42

Stekt kyckling med saffran och citron 44
Spatchcocked kyckling med Jicama Slaw 46
Kyckling 46
Kålsallad 46
Stekt kycklingrygg med vodka, morot och tomatsås 49
Poulet Rôti och Rutabaga Frites 51
Trippel svamp Coq au Vin med gräslök Mash Rutabagas 53
Peach-Brandy glaserade trumpinnar 55
Peach-Brandy Glaze 55
Chilemarinerad kyckling med mango-melonsallad 57
Kyckling 57
Sallad 57
Tandoori stil kycklinglår med gurka raita 60
Kyckling 60
Gurka Raita 60
Kycklinggryta med curry med rotfrukter, sparris och grön äppelmynta 62
Grillad kyckling Paillard sallad med hallon, rödbetor och rostad mandel 64
Broccoli Rabe-fyllda kycklingbröst med färsk tomatsås och caesarsallad 67
Grillad kyckling shawarma wraps med kryddiga grönsaker och pinjenötsdressing
.... 69
Ugnsstekt kycklingbröst med champinjoner, vitlöksmos och friterad sparris 71
Thailändsk kycklingsoppa 73
Citron- och salviastekt kyckling med endive 75
Kyckling med lök, vattenkrasse och rädisor 78
Kyckling Tikka Masala 80
Ras el Hanout kycklinglår 83
Stjärnfrukt Adobo kycklinglår över rostad spenat 85
Kyckling Poblano Kål Tacos med Chipotle Mayo 87
Kycklinggryta med babymorötter och Bok Choy 89
Cashew-apelsin kyckling och paprikaröra i salladswraps 91
Vietnamesisk kokos citrongräskyckling 93
Grillad kyckling och äpple escarole sallad 96
Toskansk kycklingsoppa med grönkålsband 98
Kyckling Larb 100
Kycklingburgare med Szechwan Cashewsås 102

Szechwan cashewsås 102
Turkiska kycklingwraps 104
Spanska Cornish höns 106
Pistagestekta Cornish höns med ruccola, aprikos och fänkålssallad 108
Ankbröst med granatäpple och jicamasallad 111
Stekt kalkon med vitlöksmosade rötter 113
Fyllda kalkonbröst med pestosås och ruccolasallad 115
Kryddigt kalkonbröst med Cherry BBQ-sås 117
Vinbräserad kalkonfilé 119
Panstekt kalkonbröst med gräslöksscampisås 122
Bräserade kalkonben med rotfrukter 124
Örtkalkonköttfärslimpa med karamelliserad lökketchup och stekta kålbitar 126
Turkiet Posole 128
Kycklingbensbuljong 130
Grön Harissa lax 133
Lax   133
Harissa 133
Kryddade solrosfrön 133
Sallad 133
Grillad lax med marinerad kronärtskockshjärtasallad 136
Blixtstekt chili-salvia lax med grön tomatsalsa 138
Lax   138
Grön tomatsalsa 138
Stekt lax och sparris en papillote med citron-hasselnötspesto 140
Kryddgnidad lax med svamp-äppelmos 142
Sole en Papillote med Julienne grönsaker 145
Ruccola Pesto Fish Tacos med Smoky Lime Cream 147
Mandelskorpa sula 149
Grillade torsk- och zucchinipaket med kryddig mangobasilikasås 151
Rieslingpocherad torsk med pestofyllda tomater 153
Stekt pistage-koriander-skorpor torsk över krossad sötpotatis 155
Rosmarin och mandarin torsk med rostad broccoli 157
Currytorsksallad Wraps med inlagda rädisor 159
Stekt kolja med citron och fänkål 161
Pecan-Crusted Snapper med Remoulade och Cajun-stil Okra och tomater 163

Dragon tonfiskbiff med avokado-citronaioli ... 165
Randig bastagine ... 168
Hälleflundra i vitlök-räksås med Soffrito Collard Greens ... 170
Skaldjur Bouillabaisse ... 172
Klassisk Räk Ceviche ... 174
Kokosskorpa räkor och spenatsallad ... 177
Tropiska räkor och pilgrimsmussla Ceviche ... 179
Jamaican Jerk Shrimp med avokadoolja ... 181
Räkräkor med vissen spenat och Radicchio ... 182
Krabbsallad med avokado, grapefrukt och jicama ... 184
Cajun Lobster Tail Boil med Dragon Aïoli ... 186
Musselfrites med saffran Aïoli ... 188
Palsternacka pommes frites ... 188
Saffran Aïoli ... 188
Musslor ... 188
Stekt pilgrimsmusslor med rödbetssmak ... 191
Grillade pilgrimsmusslor med gurk-dillsalsa ... 194
Stekt pilgrimsmusslor med tomat, olivolja och örtsås ... 196
Pilgrimsmusslor och sås ... 196
Sallad ... 196
Kumminrostad blomkål med fänkål och pärllök ... 198
Chunky tomat-auberginesås med spaghetti squash ... 200
Fyllda Portobellosvampar ... 202
Friterad Radicchio ... 204
Rostad fänkål med apelsinvinägrett ... 205
Savoykål i Punjabi-stil ... 208
Kanel-rostad Butternut Squash ... 210
Stekt sparris med pocherat ägg och pekannötter ... 211
Knäckig kålsallad med rädisor, mango och mynta ... 213
Stekta kålrundor med kummin och citron ... 214
Rostad kål med apelsin-balsamvinkladd ... 215
Bräserad kål med krämig dillsås och rostade valnötter ... 216
Stekt grönkål med rostade sesamfrön ... 217

RÖKT BABYBACK REVBEN MED ÄPPEL-SENAPSSÅS

BLÖTA:1 timme stå: 15 minuter rök: 4 timmar koka: 20 minuter gör: 4 portionerBILD

DEN RIKA SMAKEN OCH KÖTTIGA KONSISTENSEN AV RÖKT REVBEN KRÄVER NÅGOT COOLT OCH GALET ATT GÅ MED. NÄSTAN VILKEN SLAW SOM HELST DUGER, MEN FÄNKÅLSSALLADEN (SE RECEPT OCH AVBILDAD HÄR), ÄR SÄRSKILT BRA.

REVBEN
- 8 till 10 bitar av äpple eller hickory trä
- 3 till 3½ pund fläskkarré babyback revben
- ¼ kopp rökkrydda (se recept)

SÅS
- 1 medelkokt äpple, skalat, urkärnat och tunt skivat
- ¼ kopp hackad lök
- ¼ kopp vatten
- ¼ kopp cidervinäger
- 2 msk senap i Dijon-stil (se recept)
- 2 till 3 matskedar vatten

1. Blötlägg träbitar i tillräckligt med vatten för att täcka minst 1 timme före rökning. Töm före användning. Skär bort synligt fett från revbenen. Dra vid behov bort det tunna membranet från baksidan av revbenen. Lägg revbenen i en stor grund panna. Strö jämnt med Smoky Seasoning; gnugga in med fingrarna. Låt stå i rumstemperatur i 15 minuter.

2. I en rökare, arrangera förvärmda kol, avrunna vedbitar och vattenpanna enligt tillverkarens instruktioner. Häll vatten

i pannan. Lägg revbenen, med bensidan nedåt, på ett galler över en kastrull med vatten. (Eller lägg revbenen i ett revbensgaller; lägg revbenen på grillgallret.) Täck över och rök i 2 timmar. Håll en temperatur på ca. 225°F i rökaren så länge du röker. Tillsätt ytterligare kol och vatten efter behov för att bibehålla temperatur och luftfuktighet.

3. Under tiden, för moppsås, kombinera äppelskivor, lök och ¼ kopp vatten i en liten kastrull. Koka upp; minska värmen. Sjud under lock i 10 till 12 minuter eller tills äppelskivorna är väldigt mjuka, rör om då och då. Kyl något; överför odränat äpple och lök till en matberedare eller mixer. Täck över och bearbeta eller blanda tills det är slätt. Lägg tillbaka purén i grytan. Rör ner vinäger och senap i Dijon-stil. Koka på medelhög värme i 5 minuter, rör om då och då. Tillsätt 2 till 3 matskedar vatten (eller mer, efter behov) för att göra såsen konsistensen av en vinägrett. Dela såsen i tredjedelar.

4. Efter 2 timmar, pensla revbenen generöst med en tredjedel av moppsåsen. Täck och rök i ytterligare 1 timme. Pensla igen med ytterligare en tredjedel av moppsåsen. Slå in varje skiva revben i tjock folie och lägg tillbaka revbenen till rökaren, överlappa om det behövs. Täck och rök i 1 till 1½ timme till eller tills revbenen är mjuka.*

5. Packa upp revbenen och pensla med den återstående tredjedelen av moppsåsen. Skär revbenen mellan benen för att servera.

*Tips: För att testa revbenens ömhet, ta försiktigt bort folien från en av revbensplattorna. Ta upp revbensplattan med en tång, håll plattan i den övre fjärdedelen av plattan. Vänd på revbensskivan så att den köttiga sidan är nedåt. Om revbenet är mört ska skivan börja falla isär när du tar upp den. Om den inte är mör, slå in den igen i folie och fortsätt att röka revbenen tills de är mjuka.

UGN BBQ FLÄSK I LANTLIG STIL MED FRÄSCH ANANASSALLAD

FÖRBEREDELSE:20 minuters rostning: 8 minuter rostning: 1 timme 15 minuter gör: 4 portioner

FLÄSK I LANTLIG STIL ÄR KÖTTIG, BILLIGT, OCH OM DET BEHANDLAS PÅ RÄTT SÄTT – SOM KOKAT LÅGT OCH LÅNGSAMT I EN RÖRA AV BARBECUESÅS – ÄR DET SMÄLTANDE MÖRT.

2 pund av lantlig benfri fläsk revbensspjäll
¼ tesked svartpeppar
1 msk raffinerad kokosolja
½ kopp färsk apelsinjuice
1½ dl BBQ-sås (se recept)
3 koppar strimlad grön- och/eller rödkål
1 dl rivna morötter
2 dl finhackad ananas
⅓ kopp Bright Citrus Vinaigrette (se recept)
BBQ-sås (se recept) (valfritt)

1. Värm ugnen till 350°F. Strö fläsk med peppar. Hetta upp kokosolja på medelhög värme i en extra stor panna. Lägg till fläsk revben; koka 8 till 10 minuter eller tills de är bruna och jämnt bruna. Lägg revbenen i en 3-liters rektangulär ugnssäker form.

2. För sås, tillsätt apelsinjuice i pannan, rör om för att skrapa upp eventuella brynta bitar. Rör ner 1½ dl BBQ-sås. Häll såsen över revbenen. Vänd revbenen så att de täcks med sås (använd eventuellt en konditorivaror för att pensla sås över revbenen). Täck ugnsformen tätt med aluminiumfolie.

3. Rosta revben i 1 timme. Ta bort folien och pensla revbenen med sås från ugnsformen. Koka i cirka 15 minuter till eller tills revbenen är mjuka och bruna och såsen har tjocknat lite.

4. Under tiden, för ananassallad, kombinera kål, morötter, ananas och Bright Citrus Vinaigrette. Täck och kyl till servering.

5. Servera revben med slaw och ev extra BBQ-sås.

KRYDDIG FLÄSKGULASCH

FÖRBEREDELSE:20 minuter tillagning: 40 minuter gör: 6 portioner

DENNA GRYTA I UNGERSK STIL SERVERAS PÅ EN BÄDD AV KRISPIG, KNAPPT VISSEN KÅL FÖR EN ENRÄTTSMÅLTID. KROSSA KUMMINEN I EN MORTEL OCH MORTELSTÖT OM DU HAR. OM INTE, KROSSA DEM UNDER DEN BREDA SIDAN AV EN KOCKKNIV GENOM ATT FÖRSIKTIGT TRYCKA NER KNIVEN MED KNYTNÄVEN.

GULASCH

1½ pund malet fläsk

2 koppar hackad röd, orange och/eller gul paprika

¾ kopp finhackad rödlök

1 liten färsk röd chili, kärnad och finhackad (se Tips)

4 tsk rökkrydda (se recept)

1 tsk kummin, krossade

¼ tesked mald mejram eller oregano

1 14-ounce burk utan salttillsatta tärnade tomater, odränerade

2 msk rödvinsvinäger

1 msk fint rivet citronskal

⅓ kopp hackad färsk persilja

KÅL

2 msk olivolja

1 medelstor lök, skivad

1 litet huvud av grön- eller rödkål, kärna ur och tunt skivad

1. För gulaschen, tillaga det malda fläsket, paprikan och löken i en stor holländsk ugn på medelhög värme i 8 till 10 minuter eller tills fläsket inte längre är rosa och grönsakerna är knapriga, rör om med en trä sked för att bryta upp köttet. Häll av fett. Sänk värmen till låg; tillsätt

röd chili, rökkrydda, kummin och mejram. Täck över och koka i 10 minuter. Tillsätt odränerade tomater och vinäger. Koka upp; minska värmen. Sjud under lock i 20 minuter.

2. Under tiden, för kål, i en extra stor stekpanna, värm olja på medelvärme. Tillsätt lök och koka tills den är mjuk, cirka 2 minuter. Lägg till kål; rör om för att kombinera. Sänk värmen till låg. Koka i ca. 8 minuter eller tills kålen precis är mjuk, rör om då och då.

3. För att servera, lägg lite av kålblandningen på en tallrik. Toppa med gulasch och strö över citronskal och persilja.

ITALIENSKA KORVKÖTTBULLAR MARINARA MED SKIVAD FÄNKÅL OCH LÖKSÅS

FÖRBEREDELSE: 30 minuter bakning: 30 minuter rostning: 40 minuter ger: 4 till 6 portioner

DETTA RECEPT ÄR ETT SÄLLSYNT EXEMPELAV EN KONSERVERAD PRODUKT SOM FUNGERAR LIKA BRA SOM - OM INTE BÄTTRE ÄN - DEN FÄRSKA VERSIONEN. OM DU INTE HAR TOMATER SOM ÄR VÄLDIGT, VÄLDIGT MOGNA FÅR DU INTE SÅ BRA KONSISTENS I EN SÅS MED FÄRSKA TOMATER SOM DU KAN MED KONSERVERADE TOMATER. SE BARA TILL ATT ANVÄNDA EN PRODUKT UTAN SALT – OCH ÄNNU BÄTTRE, EKOLOGISK.

KÖTTBULLAR

2 stora ägg

½ kopp mandelmjöl

8 vitlöksklyftor, fint hackade

6 msk torrt vitt vin

1 matsked paprika

2 tsk svartpeppar

1 tsk fänkålsfrön, lätt krossade

1 tsk torkad oregano, krossad

1 tsk torkad timjan, krossad

¼ till ½ tesked cayennepeppar

1½ pund malet fläsk

MARINARA

2 msk olivolja

2 15-ounce burkar krossade tomater utan salttillsats eller en 28-ounce burk krossade tomater utan salttillsats

½ kopp hackad färsk basilika

3 medelstora fänkålslökar, halverade, urkärnade och tunt skivade

1 stor söt lök, halverad och tunt skivad

1. Värm ugnen till 375°F. Klä en stor bakplåt med bakplåtspapper; lägga åt sidan. Vispa ihop ägg, mandelmjöl, 6 hackad vitlöksklyfta, 3 matskedar vin, paprika, 1½ tsk svartpeppar, fänkålsfrön, oregano, timjan och cayennepeppar i en stor skål. Tillsätt fläsket; Blanda väl. Forma fläskblandningen till 1½-tums köttbullar (bör ha cirka 24 köttbullar); arrangera i ett enda lager på den förberedda bakplåten. Grädda i cirka 30 minuter eller tills de fått lite färg, vänd en gång medan du gräddar.

2. Under tiden, för marinarasås, värm 1 matsked olivolja i en 4- till 6-quart holländsk ugn. Tillsätt de återstående 2 klyftor hackad vitlök; koka i ca. 1 minut eller tills den precis börjar få färg. Tillsätt snabbt de återstående 3 msk vin, de krossade tomaterna och basilikan. Koka upp; minska värmen. Sjud utan lock i 5 minuter. Rör ner de kokta köttbullarna försiktigt i marinarasåsen. Täck över och låt sjuda i 25 till 30 minuter.

3. Värm under tiden den återstående 1 msk olivolja i en stor stekpanna på medelvärme. Rör ner skivad fänkål och lök. Koka i 8 till 10 minuter eller tills de är mjuka och lättbruna, rör om ofta. Krydda med resterande ½ tsk svartpeppar. Servera köttbullarna och marinarasåsen över fänkåls- och löksåsen.

FLÄSKFYLLDA ZUCCHINIBÅTAR MED BASILIKA OCH PINJENÖTTER

FÖRBEREDELSE:20 minuters rostning: 22 minuter rostning: 20 minuter gör: 4 portioner

BARN KOMMER ATT ÄLSKA DENNA ROLIGA MATRÄTTAV URHOLKAD ZUCCHINI FYLLD MED MALET FLÄSK, TOMATER OCH PAPRIKA. OM DU VILL, RÖR I 3 MATSKEDAR BASILIKAPESTO (SE RECEPT) ISTÄLLET FÖR FÄRSK BASILIKA, PERSILJA OCH PINJENÖTTER.

2 medelstora zucchini
1 msk extra virgin olivolja
12 gram malet fläsk
¾ kopp hackad lök
2 vitlöksklyftor, fint hackade
1 dl hackade tomater
⅔ kopp finhackad gul eller orange paprika
1 tsk fänkålsfrön, lätt krossade
½ tsk krossade rödpepparflingor
¼ kopp hackad färsk basilika
3 msk hackad färsk persilja
2 msk pinjenötter, rostade (se Tips) och grovt hackad
1 tsk fint rivet citronskal

1. Värm ugnen till 350°F. Halvera squashen på längden och skrapa försiktigt ut mitten, lämna ett ¼-tums tjockt skal. Grovhacka zucchinimassan och ställ åt sidan. Lägg zucchinihalvorna med snittsidan uppåt på en folieklädd plåt.

2. För fyllning, värm olivolja i en stor stekpanna på medelhög värme. Tillsätt malet fläsk; koka tills det inte längre är rosa, rör om med en träslev för att bryta upp köttet. Häll

av fett. Sänk värmen till medium. Lägg till reserverad squash, lök och vitlök; koka och rör om i ca 8 minuter eller tills löken är mjuk. Rör ner tomater, paprika, fänkålsfrö och krossad röd paprika. Koka i cirka 10 minuter eller tills tomaterna är mjuka och börjar brytas ner. Ta kastrullen från värmen. Rör ner basilika, persilja, pinjenötter och citronskal. Fördela fyllningen mellan zucchiniskalen, hacka lite. Grädda i 20 till 25 minuter eller tills zucchiniskalet är knaprigt.

CURRIED FLÄSK OCH ANANAS "NOODLE" SKÅLAR MED KOKOSMJÖLK OCH ÖRTER

FÖRBEREDELSE:30 minuters rostning: 15 minuter rostning: 40 minuter gör: 4 portionerBILD

1 stor spaghetti squash
2 matskedar raffinerad kokosolja
1 pund malet fläsk
2 msk finhackad lök
2 msk färsk limejuice
1 msk finhackad färsk ingefära
6 vitlöksklyftor, fint hackade
1 msk finhackad citrongräs
1 matsked osaltat thailändskt rött currypulver
1 kopp hackad röd paprika
1 dl hackad lök
½ kopp julienerad morot
1 baby bok choy, skivad (3 koppar)
1 kopp skivad färsk knappsvamp
1 eller 2 thailändska fågel chili, tunt skivad (seTips)
1 13,5-ounce burk naturlig kokosmjölk (som Nature's Way)
½ kopp kycklingbensbuljong (serecept) eller kycklingbuljong utan salt
¼ kopp färsk ananasjuice
3 msk osaltat cashewsmör utan tillsatt olja
1 kopp färsk tärnad ananas
Limeklyftor
Färsk koriander, mynta och/eller thaibasilika
Hackade rostade cashewnötter

1. Värm ugnen till 400°F. Mikrovågsugn spaghetti squash på hög i 3 minuter. Skär försiktigt squashen på mitten på längden och skrapa ur fröna. Gnid in 1 msk kokosolja över de skurna sidorna av squashen. Lägg squashhalvorna med de skurna sidorna nedåt på en plåt. Grädda i 40 till 50 minuter eller tills squashen lätt kan stickas igenom med en kniv. Använd pinnarna på en gaffel, skrapa köttet från skalen och håll varmt tills det ska serveras.

2. Blanda under tiden fläsk, salladslök, limejuice, ingefära, vitlök, citrongräs och curry i en medelstor skål. Blanda väl. Värm den återstående 1 msk kokosolja i en extra stor stekpanna på medelhög värme. Tillsätt fläskblandning; koka tills det inte längre är rosa, rör om med en träslev för att bryta upp köttet. Tillsätt paprika, lök och morot; koka och rör om i cirka 3 minuter eller tills grönsakerna är knapriga. Rör ner bok choy, svamp, chili, kokosmjölk, kycklingbensbuljong, ananasjuice och cashewsmör. Koka upp; minska värmen. Lägg till ananas; låt puttra utan lock tills den är genomvärmd.

3. För att servera, dela spaghetti squash mellan fyra serveringsskålar. Häll curryköttet över squashen. Servera med lime, örter och cashewnötter.

KRYDDIGT GRILLAT FLÄSK MED SYRLIG GURKSALLAD

FÖRBEREDELSE: 30 minuter grill: 10 minuter stå: 10 minuter gör: 4 portioner

DEN KNAPRIGA GURKSALLADENSMAKSATT MED FÄRSK MYNTA ÄR ETT SVALKANDE OCH UPPFRISKANDE KOMPLEMENT TILL DE KRYDDIGA FLÄSKBURGARNA.

⅓ kopp olivolja
¼ kopp hackad färsk mynta
3 msk vitvinsvinäger
8 vitlöksklyftor, fint hackade
¼ tesked svartpeppar
2 medelstora gurkor, mycket tunt skivade
1 liten lök, tunt skivad (ca ½ kopp)
1¼ till 1½ pund malet fläsk
¼ kopp hackad färsk koriander
1 till 2 medelstora färska jalapeño eller serrano chilipeppar, kärnade (om så önskas) och finhackade (se Tips)
2 medelstora röda paprikor, kärnade och i fjärdedelar
2 tsk olivolja

1. Vispa ihop ⅓ kopp olivolja, mynta, vinäger, 2 hackad vitlöksklyfta och svartpeppar i en stor skål. Tillsätt skivad gurka och lök. Rör om tills det är väl täckt. Täck över och ställ i kylen tills du ska servera, rör om en eller två gånger.

2. Kombinera fläsk, koriander, chilipeppar och de återstående 6 klyftor hackad vitlök i en stor skål. Forma till fyra ¾-tums tjocka biffar. Pensla pepparkvartarna lätt med de 2 tsk olivolja.

3. För en kol- eller gasgrill, placera kotletter och paprikakvarter direkt på medelvärme. Täck över och grilla tills en omedelbar termometer som sätts in i sidorna av fläskbiffar registrerar 160°F och pepparkvartarna är mjuka och lätt förkolnade, vänd biffar och paprikakvartar en gång halvvägs genom grillningen. Vänta 10 till 12 minuter för biffarna och 8 till 10 minuter för pepparkvartarna.

4. När pepparkvartarna är klara, slå in dem i en bit folie för att helt omsluta dem. Låt stå i cirka 10 minuter eller tills den är tillräckligt kall för att hantera. Använd en vass kniv och dra försiktigt bort pepparskalen. Skär paprikan i tunna skivor på längden.

5. För att servera, rör om gurksallad och skeda jämnt på fyra stora serveringsfat. Lägg en bit fläsk på varje tallrik. Lägg de röda paprikaskivorna jämnt ovanpå biffarna.

ZUCCHINI-CRUST PIZZA MED SOLTORKAD TOMATPESTO, PAPRIKA OCH ITALIENSK KORV

FÖRBEREDELSE:30 minuters rostning: 15 minuter rostning: 30 minuter gör: 4 portioner

DET HÄR ÄR KNIV-OCH-GAFFEL PIZZA.SE TILL ATT TRYCKA NER KORVEN OCH PAPRIKAN LÄTT I DEN PESTOBELAGDA SKORPAN SÅ ATT PÅLÄGGEN FÄSTER TILLRÄCKLIGT FÖR ATT PIZZAN SKA SKÄRAS SNYGGT.

2 msk olivolja
1 msk finmalen mandel
1 stort ägg, lätt uppvispat
½ kopp mandelmjöl
1 msk hackad färsk oregano
¼ tesked svartpeppar
3 vitlöksklyftor, fint hackade
3½ koppar strimlad zucchini (2 medelstora)
Italiensk korv (se recept, Nedan)
1 msk extra virgin olivolja
1 paprika (gul, röd eller hälften av varje), kärnade och skär i mycket tunna strimlor
1 liten lök, tunt skivad
Soltorkad tomatpesto (se recept, Nedan)

1. Värm ugnen till 425°F. Pensla en 12-tums pizzapanna med 2 matskedar olivolja. Strö över mald mandel; lägga åt sidan.

2. För skorpa, kombinera ägg, mandelmjöl, oregano, svartpeppar och vitlök i en stor skål. Lägg den strimlade zucchinin i en ren handduk eller en bit ostduk. Linda väl

RÖKT CITRON-KORIANDER LAMMLÅR MED GRILLAD SPARRIS

BLÖTA:30 minuter förberedelse: 20 minuter grill: 45 minuter stå: 10 minuter gör: 6 till 8 portioner

ENKEL MEN ELEGANT, DEN HÄR RÄTTEN HARTVÅ INGREDIENSER SOM KOMMER TILL SIN RÄTT UNDER VÅREN — LAMM OCH SPARRIS. ATT ROSTA KORIANDERFRÖN FÖRSTÄRKER DEN VARMA, JORDNÄRA, LITE SYRLIGA SMAKEN.

1 kopp hickorychips
2 msk korianderfrön
2 msk fint rivet citronskal
1½ tsk svartpeppar
2 msk hackad färsk timjan
1 2- till 3-kilos benfritt lammlår
2 knippen färsk sparris
1 msk olivolja
¼ tesked svartpeppar
1 citron, i fjärdedelar

1. Blötlägg hickorychips i tillräckligt med vatten i en skål minst 30 minuter före rökning; lägga åt sidan. Rosta under tiden korianderfrön på medelvärme i en liten panna i ca. 2 minuter eller tills det doftar och sprakar, rör om ofta. Ta bort fröna från pannan; låt svalna. När fröna svalnat, krossa dem grovt i en mortel och mortelstöt (eller lägg fröna på en skärbräda och krossa dem med baksidan av en träslev). I en liten skål, kombinera krossade korianderfrön, citronskal, 1½ tsk peppar och timjan; lägga åt sidan.

2. Ta bort eventuellt nät från lammstek. Öppna steken på en arbetsyta med fettsidan nedåt. Strö hälften av kryddblandningen över köttet; gnugga in med fingrarna. Rulla ihop steken och knyt med fyra till sex stycken 100 % bomullssnöre. Strö den återstående kryddblandningen över stekens utsida, tryck lätt för att fästa.

3. För en kolgrill, arrangera medelvarma kol runt en dropppanna. Testa för medelvärme över pannan. Strö de avrunna chipsen över kolen. Lägg lammstek på grillgallret över dropppannan. Täck över och rök i 40 till 50 minuter för medium (145°F). (För en gasolgrill, förvärm grillen. Sänk värmen till medel. Justera för indirekt tillagning. Rök enligt ovan, förutom att tillsätta avrunna chips enligt tillverkarens anvisningar.) Täck steken löst med folie. Låt stå i 10 minuter innan du skär upp.

4. Skär under tiden ändarna på sparrisen. Blanda sparris med olivolja och ¼ tsk peppar i en stor skål. Lägg sparrisen runt grillens ytterkanter, direkt ovanför kolen och vinkelrätt mot grillgallret. Täck över och grilla i 5 till 6 minuter tills den är knaprig. Pressa citronskivor över sparrisen.

5. Ta bort snöret från lammstek och skär köttet i tunna skivor. Servera kött med grillad sparris.

LAMM HOT POT

FÖRBEREDELSE: 30 minuter tillagning: 2 timmar 40 minuter gör: 4 portioner

VÄRM UPP MED DENNA GODA GRYTAEN HÖST- ELLER VINTERNATT. GRYTAN SERVERAS ÖVER EN SAMMETSLEN ROTSELLERI-PALSTERNACKA-RÖRA SMAKSATT MED DIJON-LIKNANDE SENAP, CASHEWGRÄDDE OCH GRÄSLÖK. OBS: ROTSELLERI KALLAS IBLAND SELLERI.

10 svartpepparkorn

6 salviablad

3 alla möjliga saker

2 2-tums remsor av apelsinskal

2 pund benfri lammskuldra

3 msk olivolja

2 medelstora lökar, grovt hackade

1 14,5-ounce burk osaltade tärnade tomater, odränerade

1½ dl köttbensbuljong (se recept) eller nötbuljong utan salt

¾ kopp torrt vitt vin

3 stora vitlöksklyftor, krossade och skalade

2 pund sellerirot, skalad och skuren i 1-tums kuber

6 medelstora palsternacka, skalade och skurna i 1-tums skivor (ca 2 pund)

2 msk olivolja

2 matskedar cashewgrädde (se recept)

1 msk senap i Dijon-stil (se recept)

¼ kopp hackad gräslök

1. För bukett garni, skär en 7-tums kvadrat av ostduk. Lägg pepparkorn, salvia, kryddpeppar och apelsinskal i mitten av ostduken. Ta upp hörnen på ostduken och knyt ordentligt med rent 100 % bomullssnöre. Lägg åt sidan.

2. Trimma fett från lammskuldra; skär lamm i 1-tums bitar. Värm de 3 matskedarna olivolja över medelvärme i en holländsk ugn. Koka lamm, i omgångar om det behövs, i het olja tills det får färg; ta bort från pannan och håll varmt. Lägg lök i pannan; koka 5 till 8 minuter eller tills de är mjuka och lättbruna. Tillsätt bouquet garni, odränerade tomater, 1¼ koppar nötköttsbuljong, vin och vitlök. Koka upp; minska värmen. Sjud under lock i 2 timmar, rör om då och då. Ta bort och kassera bouquet garni.

3. Under tiden, för mos, placera rotselleri och palsternacka i en stor kruka; täck med vatten. Koka upp på medelhög värme; minska värmen till låg. Täck och låt sjuda i 30 till 40 minuter eller tills grönsakerna är väldigt mjuka när de sticks igenom med en gaffel. Dränering; lägg grönsakerna i en matberedare. Tillsätt återstående ¼ kopp nötköttsbuljong och 2 matskedar olja; pulsa tills moset är nästan slätt men fortfarande har lite konsistens, stanna en eller två gånger för att skrapa ner sidorna. Överför moset till en skål. Rör ner cashewgrädde, senap och gräslök.

4. För att servera, dela moset mellan fyra skålar; toppa med Lamb Hot Pot.

LAMMGRYTA MED SELLERIROTNUDLAR

FÖRBEREDELSE:30 minuters rostning: 1 timme 30 minuter gör: 6 portioner

ROTSELLERI TAR ETT HELT ANNAT TILLVÄGAGÅNGSSÄTTBILDAS I DENNA GRYTA ÄN I LAMMGRYTAN (SERECEPT). EN MANDOLINSKÄRARE ANVÄNDS FÖR ATT GÖRA MYCKET TUNNA REMSOR AV DEN SÖTA OCH NÖTIGA ROTEN. SJUD "NUDLARNA" I GRYTAN TILLS DE ÄR MJUKA.

2 tsk citron-örtkrydda (serecept)

1½ pund lammgryta, skuren i 1-tums kuber

2 msk olivolja

2 dl hackad lök

1 kopp hackade morötter

1 kopp tärnade kålrot

1 msk finhackad vitlök (6 klyftor)

2 msk tomatpuré utan tillsatt salt

½ dl torrt rött vin

4 koppar köttbensbuljong (serecept) eller nötbuljong utan salt

1 lagerblad

2 koppar 1-tums tärnad butternut squash

1 kopp tärnad aubergine

1 pund rotselleri, skalad

Finhackad färsk persilja

1. Värm ugnen till 250°F. Strö citron-örtkrydda jämnt över lammet. Kasta försiktigt för att täcka. Värm en 6- till 8-quart holländsk ugn över medelhög värme. Tillsätt 1 msk olivolja och hälften av det kryddade lammet i den holländska ugnen. Bryn kött i het olja på alla sidor;

överför brynt kött till en tallrik och upprepa med resterande lamm och olivolja. Sänk värmen till medium.

2. Tillsätt lök, morötter och kålrot i grytan. Koka och rör om grönsaker i 4 minuter; tillsätt vitlök och tomatpuré och koka i 1 minut till. Tillsätt rött vin, nötköttsbuljong, lagerblad och reserverat kött och eventuell uppsamlad juice i grytan. Låt blandningen koka upp. Täck och sätt holländsk ugn i förvärmd ugn. Grädda i 1 timme. Rör ner butternutsquash och aubergine. Återgå till ugnen och grädda i ytterligare 30 minuter.

3. Medan grytan är i ugnen, använd en mandolin för att skiva sellerirot väldigt tunt. Skär rotselleriskivor i ½ tum breda remsor. (Du bör ha ca 4 koppar.) Rör ner sellerirotsremsor i gryta. Sjud i ca 10 minuter eller tills de är mjuka. Ta bort och kassera lagerblad innan grytan serveras. Strö varje portion med hackad persilja.

FRANSKA LAMMKOTLETTER MED GRANATÄPPLE DADELCHUTNEY

FÖRBEREDELSE: 10 minuter tillagning: 18 minuter kylning: 10 minuter gör: 4 portioner

TERMEN "FRANSKA" HÄNVISAR TILL ETT REVBEN VARIFRÅN FETT, KÖTT OCH BINDVÄV TAGITS BORT MED EN VASS SKALKNIV. DET GER EN ATTRAKTIV PRESENTATION. BE DIN SLAKTARE ATT GÖRA DET, ELLER SÅ KAN DU GÖRA DET SJÄLV.

CHUTNEY
½ kopp osötad granatäpplejuice
1 msk färsk citronsaft
1 schalottenlök, skalad och tunt skivad i ringar
1 tsk finrivet apelsinskal
⅓ kopp hackade Medjool-dadlar
¼ tsk krossad röd paprika
¼ kopp granatäpple arils*
1 msk olivolja
1 msk hackad färsk italiensk (plattbladig) persilja

LAMMKOTLETTER
2 msk olivolja
8 franska lammkotletter

1. Till chutney, kombinera granatäpplejuice, citronsaft och schalottenlök i en liten kastrull. Koka upp; minska värmen. Sjud utan lock i 2 minuter. Tillsätt apelsinskal, dadlar och krossad röd paprika. Låt svalna, ca 10 minuter. Rör ner granatäpple, 1 msk olivolja och persilja. Ställ åt sidan i rumstemperatur fram till servering.

2. Till kotletterna värm 2 msk olivolja i en stor panna på medelvärme. Arbeta i grupper, lägg kotletterna i pannan

och koka i 6 till 8 minuter för medium rare (145°F), vänd en gång. Toppa kotletterna med chutney.

*Obs: Färska granatäpplen och deras arils, eller frön, är tillgängliga från oktober till februari. Om du inte hittar dem, använd osötade torkade frön för att lägga till crunch till chutneyn.

CHIMICHURRI LAMMKOTLETTER MED SAUTERAD RADICCHIO SLAW

FÖRBEREDELSE: 30 minuter marinering: 20 minuter stekning: 20 minuter ger: 4 portioner

I ARGENTINA ÄR CHIMICHURRI DEN POPULÄRASTE KRYDDANSOM ACKOMPANJERAR LANDETS VÄLKÄNDA GRILLADE BIFF I GAUCHOSTIL. DET FINNS MÅNGA VARIANTER, MEN DEN TJOCKA ÖRTSÅSEN ÄR VANLIGTVIS UPPBYGGD KRING PERSILJA, KORIANDER ELLER OREGANO, SCHALOTTENLÖK OCH/ELLER VITLÖK, KROSSAD RÖD PAPRIKA, OLIVOLJA OCH RÖDVINSVINÄGER. DEN ÄR JÄTTEGOD PÅ GRILLAD BIFF, MEN LIKA LYSANDE PÅ STEKTA ELLER PANNSTEKTA LAMMKOTLETTER, KYCKLING OCH FLÄSK.

8 lammkotletter, skär 1 tum tjocka
½ kopp Chimichurri-sås (se recept)
2 msk olivolja
1 söt lök, halverad och skivad
1 tsk spiskummin, krossade*
1 vitlöksklyfta, finhackad
1 huvud radicchio, kärna ur och skär i tunna strimlor
1 msk balsamvinäger

1. Lägg lammkotletter i en extra stor skål. Ringla över 2 msk Chimichurri-sås. Använd fingrarna och gnugga såsen över hela ytan på varje kotlett. Låt kotletterna marinera i rumstemperatur i 20 minuter.

2. Under tiden, för sauterad radicchio-slaw, värm 1 msk olivolja i en extra stor stekpanna. Tillsätt lök, spiskummin och vitlök; koka 6 till 7 minuter eller tills löken mjuknar,

rör om ofta. Lägg till radicchio; koka 1 till 2 minuter eller tills radicchio vissnar något. Överför slaw till en stor skål. Tillsätt balsamvinäger och blanda väl för att kombinera. Täck över och håll varmt.

3. Torka ur pannan. Tillsätt den återstående 1 msk olivolja i pannan och värm på medelhög värme. Lägg till lammkotletter; minska värmen till medium. Koka i 9 till 11 minuter eller tills önskad form, vänd kotletterna då och då med en tång.

4. Servera kotletter med slaw och resterande Chimichurri-sås.

*Obs: För att krossa spiskummin, använd en mortel och mortelstöt – eller lägg fröna på en skärbräda och krossa dem med en kockkniv.

ANCHO-OCH-SALVIA-GNIDADE LAMMKOTLETTER MED MOROTS-SÖTPOTATISREMOULAD

FÖRBEREDELSE: 12 minuter Sval: 1 till 2 timmar Grill: 6 minuter Ger: 4 portioner

DET FINNS TRE TYPER AV LAMMKOTLETTER. TJOCKA OCH KÖTTIGA KOTLETTER SER UT SOM SMÅ T-BONE BIFFAR. REVBENSKOTLETTER – SOM KALLAS HÄR – GÖRS GENOM ATT SKÄRA MELLAN BENEN PÅ ETT LAMMSTÄLL. DE ÄR VÄLDIGT ÖMMA OCH HAR ETT LÅNGT, SNYGGT BEN PÅ SIDAN. DE SERVERAS OFTA STEKTA ELLER GRILLADE. BUDGETVÄNLIGA AXELKOTLETTER ÄR NÅGOT FETARE OCH MINDRE MÖRA ÄN DE ANDRA TVÅ TYPERNA. DE BRYNS BÄST OCH STEKS SEDAN I VIN, FOND OCH TOMATER – ELLER EN KOMBINATION AV DEM.

3 medelstora morötter, grovt strimlade

2 små sötpotatisar, skurna* eller grovt strimlade

½ kopp Paleo Mayo (se recept)

2 matskedar färsk citronsaft

2 tsk senap i Dijon-stil (se recept)

2 msk hackad färsk persilja

½ tsk svartpeppar

8 lammkotletter, skär ½ till ¾ tum tjocka

2 msk hackad färsk salvia eller 2 tsk torkad salvia, krossad

2 tsk mald ancho chilipeppar

½ tsk vitlökspulver

1. För remoulad, kombinera morötter och sötpotatis i en medelstor skål. I en liten skål, rör ihop Paleo Mayo, citronsaft, Dijon-liknande senap, persilja och svartpeppar. Häll över morötter och sötpotatis; kasta till beläggning. Täck och kyl i 1 till 2 timmar.

2. Blanda under tiden salvia, anchochilen och vitlökspulvret i en liten skål. Gnid in kryddblandningen på lammkotletterna.

3. För en kol- eller gasolgrill, lägg lammkotletter på ett grillgaller strax över medelvärme. Täck över och grilla i 6 till 8 minuter för medium rare (145°F) eller 10 till 12 minuter för medium (150°F), vänd en gång halvvägs genom grillningen.

4. Servera lammkotletter med remoulad.

*Obs: Använd en mandolin med juliennetillbehör för att skära sötpotatisen.

LAMMKOTLETTER MED SCHALOTTENLÖK, MYNTA OCH OREGANO RUB

FÖRBEREDELSE: 20 minuter Marinering: 1 till 24 timmar Stekt: 40 minuter Grill: 12 minuter Gör: 4 portioner

SOM MED DE FLESTA MARINERADE KÖTTRÄTTER, JU LÄNGRE DU LÅTER ÖRTEN GNUGGA PÅ LAMMKOTLETTER FÖRE TILLAGNING, DESTO GODARE BLIR DE. DET FINNS ETT UNDANTAG FRÅN DENNA REGEL, OCH DET ÄR NÄR DU ANVÄNDER EN MARINAD SOM INNEHÅLLER MYCKET SURA INGREDIENSER SOM CITRUSJUICE, VINÄGER OCH VIN. OM DU LÅTER KÖTTET LIGGA I EN SYRLIG MARINAD FÖR LÄNGE BÖRJAR DET BRYTAS NER OCH BLI MOSIGT.

LAMM

- 2 msk finhackad schalottenlök
- 2 msk finhackad färsk mynta
- 2 msk finhackad färsk oregano
- 5 teskedar medelhavskryddor (se recept)
- 4 tsk olivolja
- 2 vitlöksklyftor, fint hackade
- 8 lammkotletter, skär ca 1 tum tjocka

SALLAD

- ¾ pund rödbetor, putsade
- 1 msk olivolja
- ¼ kopp färsk citronsaft
- ¼ kopp olivolja
- 1 msk finhackad schalottenlök
- 1 tsk senap i Dijon-stil (se recept)

6 koppar blandade gröna

4 tsk hackad gräslök

1. Till lammet, kombinera 2 matskedar schalottenlök, mynta, oregano, 4 teskedar medelhavskrydda och 4 teskedar olivolja i en liten skål. Strö rub över alla sidor av lammkotletter; gnugga in med fingrarna. Lägg kotletter på en tallrik; täck med plastfolie och ställ i kylen i minst 1 timme eller upp till 24 timmar för att marinera.

2. För sallad, förvärm ugnen till 400°F. Skrubba rödbetor väl; skär i kuber. Lägg i en 2 liters ugnsfast form. Ringla över 1 msk olivolja. Täck skålen med folie. Rosta i cirka 40 minuter eller tills rödbetan är mjuk. Kyl helt. (Betor kan rostas upp till 2 dagar i förväg.)

3. Kombinera citronsaft, ¼ kopp olivolja, 1 msk schalottenlök, senap i dijonstil och återstående 1 tsk medelhavskrydda i en burk med skruvlock. Täck och skaka väl. Kombinera rödbetor och grönsaker i en salladsskål; blanda med lite av vinägretten.

4. För en kol- eller gasgrill, lägg kotletter på det smorda grillgallret direkt på medelvärme. Täck över och grilla till önskad form, vänd en gång halvvägs genom grillningen. Vänta 12 till 14 minuter för medium rare (145°F) eller 15 till 17 minuter för medium (160°F).

5. För att servera, lägg 2 lammkotletter och lite av salladen på var och en av fyra serveringsfat. Strö över gräslök. Passera återstående vinägrett.

TRÄDGÅRDSFYLLDA LAMMBURGARE MED RÖD PAPRIKACOULIS

FÖRBEREDELSE: 20 minuter stå: 15 minuter grill: 27 minuter gör: 4 portioner

EN COULIS ÄR INGET ANNAT ÄN EN ENKEL, SLÄT SÅSGJORD AV MOSAD FRUKT ELLER GRÖNSAKER. DEN LJUSA OCH VACKRA RÖDA PEPPARSÅSEN TILL DESSA LAMMBURGARE FÅR EN DUBBEL DOS RÖK – FRÅN GRILLNING OCH FRÅN EN SHOT RÖKT PAPRIKA.

RED PEPPER COULIS
1 stor röd paprika
1 msk torrt vitt vin eller vitvinsvinäger
1 tsk olivolja
½ tsk rökt paprika

HAMBURGARE
¼ kopp hackade osavlade torkade tomater
¼ kopp strimlad zucchini
1 msk hackad färsk basilika
2 tsk olivolja
½ tsk svartpeppar
1½ pund malet lamm
1 äggvita, lätt vispad
1 msk medelhavskryddor (se recept)

1. För röd paprikacoulis, lägg röd paprika på grillgallret direkt på medelvärme. Täck över och grilla i 15 till 20 minuter eller tills den är förkolnad och mycket mör, vänd på paprikan var 5:e minut för att förkolna varje sida. Ta bort från grillen och lägg omedelbart i en papperspåse eller folie för att helt omsluta paprikan. Låt stå i 15 minuter

eller tills den är tillräckligt kall för att hantera. Använd en vass kniv, dra försiktigt bort skinnet och kassera. Kvarta peppar på längden och ta bort stjälkar, frön och hinnor. Kombinera rostad paprika, vin, olivolja och rökt paprika i en matberedare. Täck över och bearbeta eller blanda tills det är slätt.

2. Under tiden, för fyllningen, lägg soltorkade tomater i en liten skål och täck med kokande vatten. Låt stå i 5 minuter; dränering. Torka tomater och strimlad zucchini med hushållspapper. I den lilla skålen, rör ihop tomater, zucchini, basilika, olivolja och ¼ tesked svartpeppar; lägga åt sidan.

3. Kombinera malet lamm, äggvita, återstående ¼ tesked svartpeppar och medelhavskrydda i en stor skål; Blanda väl. Dela köttblandningen i åtta lika stora delar och forma var och en till en ¼-tums tjock biff. Skeda fyllning på fyra av biffarna; toppa med resterande biffar och nyp kanterna för att täta fyllningen.

4. Lägg biffar på grillgallret direkt på medelvärme. Täck och grilla i 12 till 14 minuter eller tills den är klar (160°F), vänd en gång halvvägs genom grillningen.

5. Till servering, toppa hamburgare med röd paprikacoulis.

DUBBLA OREGANO LAMMKABOBS MED TZATZIKISÅS

BLÖTA:30 minuter förberedelse: 20 minuter kyla: 30 minuter grill: 8 minuter gör: 4 portioner

DESSA LAMMKABOBS ÄR VERKLIGENDET SOM KALLAS KOFTA I MEDELHAVET OCH MELLANÖSTERN – KRYDDAT KÖTTFÄRS (VANLIGTVIS LAMM ELLER NÖT) FORMAS TILL BOLLAR ELLER RUNT ETT SPETT OCH GRILLAS SEDAN. FÄRSK OCH TORKAD OREGANO GER DEM EN GOD GREKISK SMAK.

8 stycken 10-tums träspett

LAMMKABOBS

1½ pund magert malet lamm

1 liten lök, hackad och torrpressad

1 msk hackad färsk oregano

2 tsk torkad oregano, krossad

1 tsk svartpeppar

TZATZIKISÅS

1 kopp Paleo Mayo (se recept)

½ av en stor gurka, kärnade och strimlad och pressad torr

2 matskedar färsk citronsaft

1 vitlöksklyfta, finhackad

1. Blötlägg spetten i tillräckligt med vatten för att täcka i 30 minuter.

2. För lammkabobs, kombinera malet lamm, lök, färsk och torkad oregano och peppar i en stor skål; Blanda väl. Dela lammblandningen i åtta lika stora delar. Forma varje del runt hälften av ett spett, gör en 5×1-tums stock. Täck över och kyl i minst 30 minuter.

3. Under tiden, för Tzatziki-sås, kombinera Paleo Mayo, gurka, citronsaft och vitlök i en liten skål. Täck och kyl till servering.

4. För en kol- eller gasgrill, placera lammkabobs på grillgallret direkt på medelvärme. Täck över och grilla i ca. 8 minuter på medium (160°F), vänd en gång halvvägs genom grillningen.

5. Servera lammkabobs med tzatzikisås.

STEKT KYCKLING MED SAFFRAN OCH CITRON

FÖRBEREDELSE: 15 minuter kylning: 8 timmar bakning: 1 timme 15 minuter stående: 10 minuter gör: 4 portioner

SAFFRAN ÄR DE TORKADE STÅNDARNA AV EN TYP AV KROKUSBLOMMA. DET ÄR DYRT, MEN LITE RÄCKER LÅNGT. DEN LÄGGER TILL SIN JORDNÄRA, DISTINKTA SMAK OCH HÄRLIGA GULA NYANS TILL DEN HÄR STEKTA KYCKLINGEN MED SKARP SKAL.

1 4- till 5-pund hel kyckling
3 msk olivolja
6 vitlöksklyftor, krossade och skalade
1½ msk fint rivet citronskal
1 msk färsk timjan
1½ tsk krossad svartpeppar
½ tsk saffranstrådar
2 lagerblad
1 citron, i fjärdedelar

1. Ta bort hals och inälvor från kycklingen; kassera eller förvara för annat bruk. Skölj kycklingens kroppshålighet; torka med hushållspapper. Skär bort eventuellt överflödigt skinn eller fett från kycklingen.

2. Blanda olivolja, vitlök, citronskal, timjan, peppar och saffran i en matberedare. Bearbeta för att bilda en slät pasta.

3. Använd fingrarna för att gnugga pasta över utsidan av kycklingen och insidan av håligheten. Överför kyckling till en stor skål; täck och ställ i kylen i minst 8 timmar eller över natten.

4. Värm ugnen till 425°F. Lägg citronkvartar och lagerblad i kycklinghålan. Knyt ihop benen med 100 % bomullssnöre. Lägg vingar under kycklingen. Sätt in en ugnssäker kötttermometer i den inre lårmuskeln utan att röra benet. Lägg kycklingen på ett galler i en stor långpanna.

5. Grädda i 15 minuter. Sänk ugnstemperaturen till 375°F. Grädda i ca 1 timme till eller tills juicen blir klar och termometern visar 175°F. Tält kyckling med folie. Låt stå i 10 minuter innan du skär.

SPATCHCOCKED KYCKLING MED JICAMA SLAW

FÖRBEREDELSE: 40 minuter grill: 1 timme 5 minuter stå: 10 minuter gör: 4 portioner

"SPATCHCOCK" ÄR EN GAMMAL MATLAGNINGSTERM SOM NYLIGEN TOGS I BRUK IGEN FÖR ATT BESKRIVA PROCESSEN ATT KLYVA EN LITEN FÅGEL - SOM EN KYCKLING ELLER HÖNA - PÅ RYGGEN OCH SEDAN ÖPPNA DEN OCH PLATTA TILL DEN SOM EN BOK FÖR ATT HJÄLPA DEN ATT LAGA MAT SNABBT OCH JÄMNARE. DET LIKNAR FJÄRIL MEN HÄNVISAR BARA TILL FJÄDERFÄ.

KYCKLING
- 1 poblano chile
- 1 msk finhackad schalottenlök
- 3 vitlöksklyftor, fint hackade
- 1 tsk fint rivet citronskal
- 1 tsk finrivet limeskal
- 1 tsk rökkrydda (se recept)
- ½ tsk torkad oregano, krossad
- ½ tsk malen spiskummin
- 1 msk olivolja
- 1 3- till 3½-pund hel kyckling

KÅLSALLAD
- ½ av en medelstor jicama, skalad och skuren i julienne-remsor (ca 3 koppar)
- ½ kopp tunt skivad salladslök (4)
- 1 Granny Smith-äpple, skalat, urkärnat och skuret i julienne-remsor
- ⅓ kopp hackad färsk koriander
- 3 msk färsk apelsinjuice
- 3 msk olivolja
- 1 tsk citron-örtkrydda (se recept)

1. För en kolgrill, arrangera medelvarma kol på ena sidan av grillen. Placera en dropppanna under den tomma sidan av grillen. Placera poblano på grillen strax ovanför medelstora kol. Täck över och grilla i 15 minuter eller tills poblano är förkolnad på alla sidor, vänd då och då. Slå genast in poblano i folie; låt stå i 10 minuter. Öppna folien och skär poblano på mitten på längden; ta bort stjälkar och frön (seTips). Använd en vass kniv, dra försiktigt bort skinnet och kassera. Hacka poblano fint. (För en gasolgrill, förvärm grillen; sänk värmen till medium. Justera för indirekt tillagning. Grilla enligt ovan över brännaren påslagen.)

2. För att rubba, kombinera poblano, schalottenlök, vitlök, citronskal, limeskal, rökkrydda, oregano och spiskummin i en liten skål. Rör i olja; blanda väl för att göra en pasta.

3. För att strimla kycklingen, ta bort halsen och inälvorna från kycklingen (spara för annan användning). Lägg kycklingbröstet nedåt på en skärbräda. Använd kökssax för att göra en längsgående nedskärning av ena sidan av ryggraden, med början vid nacken. Upprepa snittet på längden till motsatt sida av ryggraden. Ta bort och kassera ryggraden. Vänd kycklingen med skinnsidan uppåt. Tryck ner mellan brösten för att bryta bröstbenet så att kycklingen ligger platt.

4. Börja vid halsen på ena sidan av bröstet, skjut fingrarna mellan huden och köttet, lossa huden när du arbetar mot låret. Släpper huden runt låret. Upprepa på andra sidan. Använd fingrarna för att fördela rubbet över köttet under skinnet på kycklingen.

5. Lägg kycklingbröstsidan nedåt på grillgallret över dropppannan. Vikt med två folieklädda tegelstenar eller en stor gjutjärnsgryta. Täck över och grilla i 30 minuter. Vänd kycklingbenssidan nedåt på gallret, väg ner den igen med en tegelsten eller panna. Grilla, täckt, ca 30 minuter till eller tills kycklingen inte längre är rosa (175°F i lårmuskel). Ta bort kycklingen från grillen; låt stå i 10 minuter. (För en gasolgrill, placera kycklingen på grillgallret borta från värmen. Grilla enligt ovan.)

6. Under tiden, för slaw, kombinera jicama, lök, äpple och koriander i en stor skål. I en liten skål, vispa samman apelsinjuice, olja och citron-örtkrydda. Häll över jicamablandningen och rör om. Servera kyckling med slaw.

STEKT KYCKLINGRYGG MED VODKA, MOROT OCH TOMATSÅS

FÖRBEREDELSE:15 minuters rostning: 15 minuter rostning: 30 minuter ger: 4 portioner

VODKA KAN GÖRAS AV FLERAOLIKA LIVSMEDEL, INKLUSIVE POTATIS, MAJS, RÅG, VETE OCH KORN – ÄVEN VINDRUVOR. ÄVEN OM DET INTE FINNS MYCKET VODKA I DEN HÄR SÅSEN NÄR DU DELAR DEN I FYRA PORTIONER, LETA EFTER VODKA GJORD AV ANTINGEN POTATIS ELLER VINDRUVOR FÖR ATT VARA PALEO-KOMPATIBEL.

3 msk olivolja

4 benfria kycklingryggar eller köttiga kycklingbitar, skalade

1 28-ounce burk utan salttillsatta plommontomater, avrunna

½ kopp finhackad lök

½ kopp finhackad morot

3 vitlöksklyftor, fint hackade

1 tsk medelhavskryddor (se recept)

⅛ tesked cayennepeppar

1 kvist färsk rosmarin

2 matskedar vodka

1 matsked hackad färsk basilika (valfritt)

1. Värm ugnen till 375°F. Hetta upp 2 matskedar olja på medelhög värme i en extra stor panna. Lägg till kyckling; koka i ca. 12 minuter eller tills den är brun och jämnbrun. Placera pannan i den förvärmda ugnen. Grädda utan lock i 20 minuter.

2. Under tiden, till såsen, använd en kökssax för att skära upp tomaterna. Värm den återstående 1 msk olja i en medelstor kastrull på medelvärme. Tillsätt lök, morot och

vitlök; koka 3 minuter eller tills de är mjuka, rör om ofta. Rör ner hackade tomater, medelhavskryddor, cayennepeppar och rosmarinkvist. Koka upp på medelhög värme; minska värmen. Sjud utan lock i 10 minuter, rör om då och då. Rör i vodka; koka 1 minut till; ta bort och släng rosmarinkvisten.

3. Häll sås över kycklingen i pannan. Sätt tillbaka pannan i ugnen. Stekt, täckt, ca. 10 minuter till eller tills kycklingen är mör och inte längre rosa (175°F). Om så önskas, strö över basilika.

POULET RÔTI OCH RUTABAGA FRITES

FÖRBEREDELSE: 40 minuter rostning: 40 minuter gör: 4 portioner

DE KRISPIGA RUTABAGA-POMMES FRITESEN ÄR LÄCKRASERVERAS MED DEN STEKTA KYCKLINGEN OCH TILLHÖRANDE MATLAGNINGSJUICER – MEN DE ÄR LIKA GODA GJORDA PÅ EGEN HAND OCH SERVERAS MED PALEOKETCHUP (SERECEPT) ELLER SERVERAS I BELGISK STIL MED PALEO AÏOLI (VITLÖKSMAJON, SERECEPT).

6 msk olivolja
1 msk medelhavskryddor (serecept)
4 benfria kycklinglår, utan skinn (cirka 1 ¼ pund totalt)
4 kycklingklubbor, skalade (cirka 1 pund totalt)
1 dl torrt vitt vin
1 kopp kycklingbensbuljong (serecept) eller kycklingbuljong utan salt
1 liten lök, i fjärdedelar
Olivolja
1½ till 2 pund rutabagas
2 msk hackad färsk gräslök
Svartpeppar

1. Värm ugnen till 400°F. Kombinera 1 matsked olivolja och medelhavskrydda i en liten skål; gnid på kycklingbitarna. Hetta upp 2 msk olja i en extra stor stekpanna. Lägg i kycklingbitarna, köttsidan nedåt. Koka utan lock i cirka 5 minuter eller tills de är bruna. Ta kastrullen från värmen. Vänd på kycklingbitarna med de brynta sidorna uppåt. Tillsätt vin, kycklingbensfond och lök.

2. Sätt in formen i ugnen på mittersta gallret. Grädda utan lock i 10 minuter.

3. Under tiden, för pommes frites, pensla lätt ett stort ark bakplåtspapper med olivolja; lägga åt sidan. Skala rutabagas. Använd en vass kniv och skär rutabagas i ½-tums skivor. Skär skivor på längden i ½-tums remsor. I en stor skål, blanda rutabaga-remsorna med de återstående 3 matskedar olja. Sprid rutabaga-remsor i ett enda lager på förberedd bakplåt; sätt in i ugnen på översta gallret. Grädda i 15 minuter; flip frites. Stek kycklingen i ytterligare 10 minuter eller tills den inte längre är rosa (175°F). Ta ut kycklingen från ugnen. Stek pommes fritesen i 5 till 10 minuter eller tills de är bruna och möra.

4. Ta bort kycklingen och löken från grytan, spara juice. Täck kyckling och lök för att hålla värmen. Koka upp juice på medelvärme; minska värmen. Låt det puttra utan lock i ca 5 minuter till eller tills saften har reducerats något.

5. För att servera, släng pommes frites med gräslök och krydda med peppar. Servera kyckling med matlagningsjuice och pommes frites.

TRIPPEL SVAMP COQ AU VIN MED GRÄSLÖK MASH RUTABAGAS

FÖRBEREDELSE:15 minuter Matlagning: 1 timme 15 minuter Ger: 4 till 6 portioner

OM DET FINNS NÅGOT GRYN I SKÅLENEFTER BLÖTLÄGGNING AV DEN TORKADE SVAMPEN – OCH DET KOMMER DET TROLIGEN – SILA VÄTSKAN GENOM EN DUBBEL TJOCK OSTDUK I EN FINMASKIG SIL.

1 uns torkad porcini eller murklorsvamp

1 dl kokande vatten

2 till 2½ pund kycklinglår och klubbor, skalade

Svartpeppar

2 msk olivolja

2 medelstora purjolökar, halverade på längden, sköljda och tunt skivade

2 portobellosvampar, skivade

8 uns färska ostronsvampar, stjälkade och skivade, eller skivade färska knappsvampar

¼ kopp tomatpuré utan tillsatt salt

1 tsk torkad mejram, krossad

½ tsk torkad timjan, krossad

½ dl torrt rött vin

6 dl kycklingbensbuljong (se recept) eller kycklingbuljong utan salt

2 lagerblad

2 till 2½ pund rutabagas, skalad och hackad

2 msk hackad färsk gräslök

½ tsk svartpeppar

Hackad färsk timjan (valfritt)

1. Kombinera porcini-svampen och det kokande vattnet i en liten skål; låt stå i 15 minuter. Ta bort svampen, spara blötläggningsvätskan. Hacka svampen. Ställ svampen och blötläggningsvätskan åt sidan.

2. Strö kyckling med peppar. Värm 1 msk olivolja på medelhög värme i en extra stor panna med tättslutande lock. Stek kycklingbitarna, i två omgångar, i het olja i ca. 15 minuter tills de fått färg, vänd en gång. Ta bort kycklingen från grytan. Rör ner purjolök, portobellosvamp och ostronsvamp. Koka i 4 till 5 minuter eller bara tills svampen börjar bli brun, rör om då och då. Rör ner tomatpuré, mejram och timjan; koka och rör om i 1 minut. Rör i vin; koka och rör om i 1 minut. Rör ner 3 koppar kycklingbensbuljong, lagerblad, ½ kopp av den reserverade svampblödande vätskan och rehydrerad hackad svamp. Lägg tillbaka kycklingen i pannan. Koka upp; minska värmen. Låt det puttra under lock i cirka 45 minuter eller tills kycklingen är mör, vänd på kycklingen en gång halvvägs genom tillagningen.

3. Under tiden, kombinera rutabagas och de återstående 3 kopparna buljong i en stor gryta. Tillsätt eventuellt vatten för att täcka rutabagas. Koka upp; minska värmen. Sjud utan lock i 25 till 30 minuter eller tills rutabagas är mjuka, rör om då och då. Häll av rutabagas, spara vätska. Lägg tillbaka rutabagas i grytan. Tillsätt resterande 1 msk olivolja, gräslök och ½ tsk peppar. Använd en potatisstöt och mosa rutabagablandningen, tillsätt matlagningsvätska efter behov för att uppnå önskad konsistens.

4. Ta bort lagerblad från kycklingblandningen; kasta. Servera kyckling och sås över mosade rutabagas. Strö eventuellt över färsk timjan.

PEACH-BRANDY GLASERADE TRUMPINNAR

FÖRBEREDELSE: 30 minuter grill: 40 minuter gör: 4 portioner

DESSA KYCKLINGLÅR ÄR PERFEKTAMED EN KRISPIG SLAW OCH DE KRYDDIGA UGNSBAKADE SÖTPOTATISFRITESEN FRÅN RECEPTET PÅ TUNISIAN SPICE-RUBBED FLÄSK (SE<u>RECEPT</u>). DE VISAS HÄR MED KRISPIG KÅLSALLAD MED RÄDISOR, MANGO OCH MYNTA (SE<u>RECEPT</u>).

PEACH-BRANDY GLAZE

- 1 msk olivolja
- ½ kopp hackad lök
- 2 färska medelstora persikor, halverade, urkärnade och hackade
- 2 matskedar konjak
- 1 kopp BBQ-sås (se<u>recept</u>)
- 8 kycklingklubbor (2 till 2½ pund totalt), skalade om så önskas

1. För glasyr, värm olivolja på medelvärme i en medelstor kastrull. Tillsätt lök; koka i cirka 5 minuter eller tills de är mjuka, rör om då och då. Tillsätt persikor. Täck över och koka i 4 till 6 minuter eller tills persikorna är mjuka, rör om då och då. Tillsätt konjak; koka utan lock i 2 minuter, rör om då och då. Kyl något. Överför persikoblandningen till en mixer eller matberedare. Täck över och blanda eller bearbeta tills det är slätt. Tillsätt BBQ-sås. Täck över och blanda eller bearbeta tills det är slätt. Lägg tillbaka såsen i grytan. Koka på medelhög värme tills den är genomvärmd. Överför ¾ kopp av såsen till en liten skål för att pensla över kycklingen. Håll den återstående såsen varm för att servera till grillad kyckling.

2. För en kolgrill, arrangera medelvarma kol runt en dropppanna. Testa för medelhög värme över dropppanna. Lägg kycklinglåren på grillgallret över dropppannan. Täck över och grilla i 40 till 50 minuter eller tills kycklingen inte längre är rosa (175°F), vänd en gång halvvägs genom grillningen och pensla med ¾ kopp Peach-Brandy Glaze under de sista 5 till 10 minuterna av grillningen. (För en gasolgrill, förvärm grillen. Sänk värmen till medel. Justera värmen för indirekt tillagning. Placera kycklinglåren på grillgallret, inte överhetta. Täck över och grilla enligt anvisningarna.)

CHILEMARINERAD KYCKLING MED MANGO-MELONSALLAD

FÖRBEREDELSE: 40 minuter kyla/marinera: 2 till 4 timmar grill: 50 minuter gör: 6 till 8 portioner

EN ANCHO CHILE ÄR EN TORKAD POBLANO— EN GLANSIG, DJUPGRÖN CHILI MED EN INTENSIV FRISK SMAK. ANCHO CHILI HAR EN LÄTT FRUKTIG SMAK MED EN ANTYDAN AV PLOMMON ELLER RUSSIN OCH BARA EN ANING BITTERHET. NEW MEXICO CHILI KAN VARA MÅTTLIGT VARMA. DE ÄR DE DJUPRÖDA CHILIN SOM DU SER SAMLADE OCH HÄNGANDE I RISTRAS — FÄRGGLADA ARRANGEMANG AV TORKANDE CHILI — I DELAR AV SYDVÄST.

KYCKLING
- 2 torkade New Mexico chili
- 2 torkade ancho chili
- 1 dl kokande vatten
- 3 msk olivolja
- 1 stor söt lök, skalad och tjockt skivad
- 4 romska tomater, kärnade
- 1 msk finhackad vitlök (6 klyftor)
- 2 tsk malen spiskummin
- 1 tsk torkad oregano, krossad
- 16 kycklinglår

SALLAD
- 2 koppar tärnad cantaloupe
- 2 koppar tärnad honungsdagg
- 2 dl tärnad mango
- ¼ kopp färsk limejuice
- 1 tsk chilipulver

½ tsk malen spiskummin

¼ kopp hackad färsk koriander

1. För kyckling, ta bort stjälkar och frön från torkad New Mexico och ancho chili. Hetta upp en stor stekpanna på medelvärme. Rosta chili i panna i 1 till 2 minuter eller tills den doftar och är lätt rostad. Placera rostad chili i en liten skål; tillsätt det kokande vattnet i skålen. Låt stå i minst 10 minuter eller tills den ska användas.

2. Förvärm broilern. Klä en bakplåt med folie; pensla 1 msk olivolja över folie. Lägg lökskivor och tomater i pannan. Stek cirka 4 tum från värmen i 6 till 8 minuter eller tills den mjuknat och förkolnat. Häll av chilin, spara vattnet.

3. Till marinaden, kombinera chili, lök, tomater, vitlök, spiskummin och oregano i en mixer eller matberedare. Täck över och blanda eller bearbeta tills den är slät, tillsätt reserverat vatten efter behov för att puréa och uppnå önskad konsistens.

4. Lägg kycklingen i en stor återförslutbar plastpåse i en grund form. Häll marinaden över kyckling i påse, vänd påsen så den täcker jämnt. Marinera i kylen i 2 till 4 timmar, vänd på påsen då och då.

5. För sallad, kombinera cantaloupe, honungsdagg, mango, limejuice, återstående 2 matskedar olivolja, chilipulver, spiskummin och koriander i en extra stor skål. Kasta till beläggning. Täck och kyl i 1 till 4 timmar.

6. För en kolgrill, arrangera medelvarma kol runt en dropppanna. Testa för medelvärme över pannan. Låt kycklingen rinna av, spara marinaden. Lägg kycklingen på grillgallret över dropppannan. Pensla kycklingen generöst

med lite av den reserverade marinaden (kasta eventuell extra marinad). Täck över och grilla i 50 minuter eller tills kycklingen inte längre är rosa (175°F), vänd en gång halvvägs genom grillningen. (För en gasolgrill, förvärm grillen. Sänk värmen till medel. Justera för indirekt tillagning. Fortsätt enligt anvisningarna, lägg kycklingen på brännaren som är avstängd.) Servera kycklinglår med sallad.

TANDOORI STIL KYCKLINGLÅR MED GURKA RAITA

FÖRBEREDELSE:20 minuter Marinera: 2 till 24 timmar Stekt: 25 minuter Gör: 4 portioner

RAITAN ÄR GJORD PÅ CASHEWNÖTTERGRÄDDE, CITRONSAFT, MYNTA, KORIANDER OCH GURKA. DET GER EN SVALKANDE MOTPOL TILL DEN VARMA OCH KRYDDIGA KYCKLINGEN.

KYCKLING
- 1 lök, tunt skivad
- 1 2-tums bit färsk ingefära, skalad och i fjärdedelar
- 4 vitlöksklyftor
- 3 msk olivolja
- 2 matskedar färsk citronsaft
- 1 tsk malen spiskummin
- 1 tsk mald gurkmeja
- ½ tsk mald kryddpeppar
- ½ tsk mald kanel
- ½ tsk svartpeppar
- ¼ tsk cayennepeppar
- 8 kycklinglår

GURKA RAITA
- 1 dl cashewkräm (se recept)
- 1 msk färsk citronsaft
- 1 msk hackad färsk mynta
- 1 msk hackad färsk koriander
- ½ tsk malen spiskummin
- ⅛ tesked svartpeppar
- 1 medelstor gurka, skalad, kärnad och tärnad (1 kopp)
- Citronskivor

1. Kombinera lök, ingefära, vitlök, olivolja, citronsaft, spiskummin, gurkmeja, kryddpeppar, kanel, svartpeppar och cayennepeppar i en mixer eller matberedare. Täck över och blanda eller bearbeta tills det är slätt.

2. Använd spetsen på en skalkniv och stick hål på varje trumpinne fyra eller fem gånger. Lägg trumpinnar i en stor återförslutbar plastpåse i en stor skål. Tillsätt lökblandningen; övergå till päls. Marinera i kylen i 2 till 24 timmar, vänd på påsen då och då.

3. Förvärm broiler. Ta bort kycklingen från marinaden. Torka av överflödig marinad från trumpinnar med hjälp av hushållspapper. Placera trumpinnar på gallret på en ouppvärmd broilerpanna eller foliekladd plåt. Grädda 6 till 8 tum från värmekällan i 15 minuter. Vänd på trumpinnar; stek i cirka 10 minuter eller tills kycklingen inte längre är rosa (175°F).

4. För raita, kombinera cashewkräm, citronsaft, mynta, koriander, spiskummin och svartpeppar i en medelstor skål. Rör försiktigt ner gurkan.

5. Servera kyckling med raita och citronklyftor.

KYCKLINGGRYTA MED CURRY MED ROTFRUKTER, SPARRIS OCH GRÖN ÄPPELMYNTA

FÖRBEREDELSE: 30 minuter tillagning: 35 minuter stå: 5 minuter gör: 4 portioner

2 msk raffinerad kokosolja eller olivolja

2 pund benfria kycklingbröst, flådda om så önskas

1 dl hackad lök

2 msk riven färsk ingefära

2 matskedar finhackad vitlök

2 msk saltfritt currypulver

2 msk hackad jalapeño med frön (se Tips)

4 dl kycklingbensbuljong (se recept) eller kycklingbuljong utan salt

2 medelstora sötpotatisar (ca 1 pund), skalade och hackade

2 medelstora kålrot (ca 6 gram), skalade och hackade

1 dl kärnad tomat, tärnad

8 uns sparris, putsad och skuren i 1-tums längder

1 13,5-ounce burk naturlig kokosmjölk (som Nature's Way)

½ kopp hackad färsk koriander

Apple-Mint Relish (se recept, Nedan)

Limeklyftor

1. Värm olja på medelhög värme i en 6-quart holländsk ugn. Bryn kycklingen i portioner i het olja, vänd till att få en jämn färg, ca. 10 minuter. Överför kyckling till en tallrik; lägga åt sidan.

2. Vänd värmen till medel. Tillsätt lök, ingefära, vitlök, currypulver och jalapeño i grytan. Koka och rör om i 5 minuter eller tills löken är mjuk. Rör ner kycklingbensbuljong, sötpotatis, kålrot och tomat. Lägg tillbaka kycklingbitarna i grytan och se till att sänka ner kycklingen i så mycket vätska som möjligt. Sänk värmen

till medel-låg. Täck över och låt sjuda i 30 minuter eller tills kycklingen inte längre är rosa och grönsakerna är mjuka. Rör ner sparris, kokosmjölk och koriander. Avlägsna från värme. Låt stå i 5 minuter. Skär eventuellt kycklingen från benen för att fördela jämnt mellan serveringsskålar. Servera med Apple-Mint Relish och limeklyftor.

Apple Mint Relish: Hacka ½ kopp osötade kokosflingor i en matberedare tills de är pulveraktiga. Tillsätt 1 kopp färska korianderblad och ånga; 1 kopp färska myntablad; 1 Granny Smith-äpple, urkärnat och hackat; 2 tsk hackad jalapeño med frön (seTips); och 1 msk färsk limejuice. Pulsera tills det är fint hackat.

GRILLAD KYCKLING PAILLARD SALLAD MED HALLON, RÖDBETOR OCH ROSTAD MANDEL

FÖRBEREDELSE: 30 minuter Grädda: 45 minuter Marinera: 15 minuter Grill: 8 minuter
Gör: 4 portioner

½ kopp hela mandlar

1½ tsk olivolja

1 medelstor rödbeta

1 medelstor rödbeta

2 6- till 8-ounce benfria, skinnfria kycklingbrösthalvor

2 dl färska eller frysta hallon, tinade

3 msk vit- eller rödvinsvinäger

2 msk hackad färsk dragon

1 msk finhackad schalottenlök

1 tsk senap i Dijon-stil (se recept)

¼ kopp olivolja

Svartpeppar

8 dl vårmixsallad

1. För mandeln, förvärm ugnen till 400°F. Bred ut mandel på en liten bit bakplåtspapper och blanda med ½ tsk olivolja. Stek i cirka 5 minuter eller tills doftande och gyllene. Låt svalna. (Mandel kan rostas 2 dagar i förväg och förvaras i en lufttät behållare.)

2. För rödbetorna, lägg varje rödbeta på en liten bit folie och ringla över ½ tsk olivolja. Linda folien löst runt rödbetan och lägg på en bakplåt eller i en bakskål. Rosta rödbetorna i ugnen vid 400°F i 40 till 50 minuter eller tills de är mjuka när de sticks igenom med en kniv. Ta ut ur ugnen och låt stå tills den är tillräckligt kall för att hantera. Ta bort skinnet med en skalkniv. Tärna rödbetan och ställ åt

sidan. (Undvik att blanda ihop rödbetorna för att förhindra att rödbetorna färgar av guldbetorna. Rödbetor kan rostas 1 dag i förväg och kylas ned. Ta till rumstemperatur innan servering.)

3. För kycklingen, skär varje kycklingbröst på mitten horisontellt. Lägg varje kycklingbit mellan två bitar plastfolie. Använd en köttklubba och slå försiktigt tills den är cirka ¾ tum tjock. Lägg kycklingen i en grund form och ställ åt sidan.

4. För vinägretten, krossa lätt ¾ kopp av hallonen i en stor skål med en visp (reservera de återstående hallonen till salladen). Tillsätt vinäger, dragon, schalottenlök och senap i Dijon-stil; vispa att blanda. Tillsätt ¼ kopp olivolja i en tunn stråle, vispa så att den blandas väl. Häll ½ kopp vinägrett över kycklingen; vänd kycklingen till pälsen (reservera återstående vinägrett till sallad). Marinera kycklingen i rumstemperatur i 15 minuter. Ta bort kycklingen från marinaden och strö över peppar; Släng eventuell marinad kvar i skålen.

5. För en kol- eller gasgrill, lägg kycklingen på ett galler direkt på medelvärme. Täck över och grilla i 8 till 10 minuter eller tills kycklingen inte längre är rosa, vänd en gång halvvägs genom grillningen. (Kyckling kan också tillagas i stekpanna.)

6. Kombinera sallad, rödbetor och återstående 1¼ koppar hallon i en stor skål. Häll reserverad vinägrett över sallad; kasta försiktigt för att täcka. Fördela salladen mellan fyra serveringsfat; toppa var och en med ett grillat

kycklingbröst. Grovhacka den rostade mandeln och strö över allt. Servera omedelbart.

BROCCOLI RABE-FYLLDA KYCKLINGBRÖST MED FÄRSK TOMATSÅS OCH CAESARSALLAD

FÖRBEREDELSE: 40 minuter tillagning: 25 minuter gör: 6 portioner

3 msk olivolja

2 tsk finhackad vitlök

¼ tsk krossad röd paprika

1 pund broccoli raab, putsad och hackad

½ kopp osavlade gyllene russin

½ kopp vatten

4 5- till 6-ounce skinnfria, benfria kycklingbrösthalvor

1 dl hackad lök

3 dl hackade tomater

¼ kopp hackad färsk basilika

2 tsk rödvinsvinäger

3 msk färsk citronsaft

2 matskedar Paleo Mayo (se recept)

2 tsk senap i Dijon-stil (se recept)

1 tsk finhackad vitlök

½ tsk svartpeppar

¼ kopp olivolja

10 dl hackad romansallat

1. Värm 1 msk olivolja i en stor panna på medelhög värme. Tillsätt vitlök och krossad röd paprika; koka och rör om i 30 sekunder eller tills det doftar. Tillsätt hackad broccoli rabe, russin och ½ dl vatten. Täck över och koka i ca. 8 minuter eller tills broccoli raab är vissen och mjuk. Ta av locket från pannan; låt allt överskott av vatten avdunsta. Lägg åt sidan.

2. För rullader, halvera varje kycklingbröst på längden; placera varje bit mellan två bitar av plastfolie. Använd den platta sidan av en köttklubba och slå lätt kycklingen tills den är cirka ¼ tum tjock. För varje rullad lägg ca. ¼ kopp av broccoli raab-blandningen på en av kortändarna; rulla ihop, vik in sidorna för att helt omsluta fyllningen. (Roulador kan göras upp till 1 dag i förväg och kylas tills de är klara att göras.)

3. Värm 1 msk olivolja i en stor panna på medelhög värme. Lägg i rulladerna, sy sidorna nedåt. Grädda i ca. 8 minuter eller tills de fått färg på alla sidor, vänd två eller tre gånger under tillagningen. Överför rulladerna till ett fat.

4. För såsen, värm 1 matsked av den återstående olivoljan i pannan på medelvärme. Tillsätt löken; koka i ca 5 minuter eller tills den är genomskinlig. Rör ner tomater och basilika. Lägg rulladerna ovanpå såsen i pannan. Koka upp på medelhög värme; minska värmen. Täck över och låt sjuda i cirka 5 minuter eller tills tomaterna börjar brytas ner, men fortfarande behåller formen och rulladerna är genomvärmda.

5. För dressing, i en liten skål vispa ihop citronsaft, Paleo Mayo, Dijon-liknande senap, vitlök och svartpeppar. Ringla i ¼ kopp olivolja, vispa tills det är emulgerat. Blanda dressingen med den hackade romainen i en stor skål. För att servera, dela romaine mellan sex serveringsfat. Skär upp rulladerna och lägg dem på romainen; ringla över tomatsås.

GRILLAD KYCKLING SHAWARMA WRAPS MED KRYDDIGA GRÖNSAKER OCH PINJENÖTSDRESSING

FÖRBEREDELSE: 20 minuter marinera: 30 minuter grill: 10 minuter gör: 8 wraps (4 portioner)

1½ pund skinnfria, benfria kycklingbrösthalvor, skurna i 2-tums bitar
5 matskedar olivolja
2 matskedar färsk citronsaft
1¾ tsk malen spiskummin
1 tsk finhackad vitlök
1 tsk paprika
½ tsk currypulver
½ tsk mald kanel
¼ tsk cayennepeppar
1 medelstor zucchini, halverad
1 liten aubergine skärs i ½-tums skivor
1 stor gul paprika, halverad och kärnad
1 medelstor rödlök, i fjärdedelar
8 körsbärstomater
8 stora smörsallatsblad
Rostad pinjenötsdressing (se recept)
Citronskivor

1. För marinad, i en liten skål, kombinera 3 msk olivolja, citronsaft, 1 tsk spiskummin, vitlök, ½ tsk paprika, currypulver, ¼ tsk kanel och cayennepeppar. Lägg kycklingbitarna i en stor återförslutbar plastpåse i en grund form. Häll marinaden över kycklingen. Försegla påsar; förvandla väska till päls. Marinera i kylen i 30 minuter, vänd på påsen då och då.

2. Ta bort kycklingen från marinaden; kassera marinaden. Trä upp kycklingen på fyra långa spett.

3. Lägg zucchinin, auberginen, paprikan och löken på en bakplåt. Ringla över 2 msk olivolja. Strö över återstående ¾ tsk spiskummin, återstående ½ tsk paprika och återstående ¼ tsk kanel; gnid lätt över grönsakerna. Tre tomater på två spett.

3. För en kol- eller gasgrill, lägg kyckling- och tomatkabobs och grönsaker på ett galler på medelvärme. Täck över och grilla tills kycklingen inte längre är rosa och grönsakerna är lätt förkolnade och krispiga, vänd en gång. Tillåt 10 till 12 minuter för kyckling, 8 till 10 minuter för grönsaker och 4 minuter för tomater.

4. Ta bort kycklingen från spetten. Finhacka kycklingen och skär zucchini, aubergine och paprika i lagom stora bitar. Ta bort tomaterna från spetten (hacka inte). Lägg upp kyckling och grönsaker på ett fat. För att servera, sked lite av kycklingen och grönsakerna i ett salladsblad; ringla över rostad pinjenötsdressing. Servera med citronklyftor.

UGNSSTEKT KYCKLINGBRÖST MED CHAMPINJONER, VITLÖKSMOS OCH FRITERAD SPARRIS

BÖRJA TILL SLUT: 50 minuter gör: 4 portioner

4 10- till 12-ounce kycklingbrösthalvor med ben, skinn på
3 dl små vita knappsvampar
1 kopp tunt skivad purjolök eller gul lök
2 dl kycklingbensbuljong (se recept) eller kycklingbuljong utan salt
1 dl torrt vitt vin
1 stort knippe färsk timjan
Svartpeppar
Vitvinsvinäger (valfritt)
1 blomkålshuvud, uppdelad i buketter
12 vitlöksklyftor, skalade
2 msk olivolja
Vit eller cayennepeppar
1 pund sparris, putsad
2 tsk olivolja

1. Värm ugnen till 400°F. Ordna kycklingbröst i en 3-quart rektangulär ugnsform; toppa med svamp och purjolök. Häll kycklingbensbuljong och vin över kycklingen och grönsakerna. Strö över timjan överallt och strö över svartpeppar. Täck skålen med folie.

2. Grädda i 35 till 40 minuter eller tills en omedelbar termometer som är insatt i kycklingen har en temperatur på 170°F. Ta bort och släng timjankvistarna. Om så önskas kan du smaksätta bräseringsvätskan med en skvätt vinäger innan servering.

2. Koka under tiden i en stor gryta blomkål och vitlök i tillräckligt med kokande vatten för att täcka ca. 10 minuter eller tills de är väldigt mjuka. Häll av blomkålen och vitlöken, spara 2 matskedar av matlagningsvätskan. Placera blomkål och reserverad matlagningsvätska i en matberedare eller stor mixerskål. Bearbeta tills det är slätt* eller mosa med en potatisstöt; rör ner 2 msk olivolja och smaka av med vitpeppar. Håll varmt fram till servering.

3. Lägg sparrisen i ett enda lager på en plåt. Ringla över 2 tsk olivolja och rör om. Strö över svartpeppar. Grädda i 400°F ugn i ca. 8 minuter eller tills det är knaprigt, rör om en gång.

4. Fördela den mosade blomkålen mellan sex serveringsfat. Toppa med kyckling, champinjoner och purjolök. Ringla över lite av matlagningsvätskan; servera med rostad sparris.

*Obs: Om du använder en matberedare, var noga med att inte överbearbeta, annars blir blomkålen för tunn.

THAILÄNDSK KYCKLINGSOPPA

FÖRBEREDELSE: 30 minuter Infrysning: 20 minuter Matlagning: 50 minuter Gör: 4 till 6 portioner

TAMARIND ÄR EN MYSK, SYRLIG FRUKT ANVÄNDS I INDISK, THAILÄNDSK OCH MEXIKANSK MATLAGNING. MÅNGA KOMMERSIELLT BEREDDA TAMARINDPASTOR INNEHÅLLER SOCKER - SE TILL ATT DU KÖPER EN SOM INTE GÖR DET. KAFFIRLIMEBLAD KAN HITTAS FÄRSKA, FRYSTA OCH TORKADE PÅ DE FLESTA ASIATISKA MARKNADER. OM DU INTE HITTAR DEM, BYT UT 1½ TESKED FINRIVET LIMESKAL MED BLADEN I DET HÄR RECEPTET.

2 stjälkar citrongräs, putsade

2 msk oraffinerad kokosolja

½ kopp tunt skivad salladslök

3 stora vitlöksklyftor, tunt skivade

8 dl kycklingbensbuljong (se recept) eller kycklingbuljong utan salt

¼ kopp tamarindpasta utan tillsatt socker (som märket Tamicon)

2 msk nori-flingor

3 färska thailändska chili, tunt skivade med frön intakta (se Tips)

3 kaffir limeblad

1 3-tums bit ingefära, tunt skivad

4 6-ounce skinnfria, benfria kycklingbrösthalvor

1 14,5-ounce burk utan salttillsats eldrostade tärnade tomater, odränerade

6 uns tunna sparrisspjut, trimmade och tunt skivade diagonalt i ½-tums bitar

½ kopp packade thailändska basilikablad (se Notera)

1. Använd baksidan av en kniv med hårt tryck och blåsa citrongrässtjälkarna. Finhacka skadade stjälkar.

2. Värm kokosolja på medelvärme i en holländsk ugn. Tillsätt citrongräs och lök; koka i 8 till 10 minuter, rör om ofta.

Tillsätt vitlök; koka och rör om i 2 till 3 minuter eller tills mycket doftande.

3. Tillsätt kycklingbensbuljong, tamarindpasta, noriflakes, chili, limeblad och ingefära. Koka upp; minska värmen. Täck över och låt sjuda i 40 minuter.

4. Frys under tiden in kycklingen i 20 till 30 minuter eller tills den är fast. Skär kycklingen i tunna skivor.

5. Sila soppan genom en finmaskig sil i en stor kastrull, tryck till med baksidan av en stor sked för att extrahera smaker. Kassera fasta ämnen. Koka soppan. Rör ner kyckling, odränerade tomater, sparris och basilika. Sänk värmen; låt sjuda utan lock i 2 till 3 minuter eller tills kycklingen är genomstekt. Servera omedelbart.

CITRON- OCH SALVIASTEKT KYCKLING MED ENDIVE

FÖRBEREDELSE: 15 minuter stekning: 55 minuter stå: 5 minuter gör: 4 portioner

CITRONSKIVORNA OCH SALVIABLADETPLACERAS UNDER SKINNET PÅ KYCKLINGEN, SMAKA AV KÖTTET MEDAN DET TILLAGAS - OCH SKAPA EN IÖGONFALLANDE DESIGN UNDER DET KRISPIGA, OGENOMSKINLIGA SKALET EFTER ATT DET KOMMER UT UR UGNEN.

4 benfria kycklingbrösthalvor (med skinn)
1 citron, mycket tunt skivad
4 stora salviablad
2 tsk olivolja
2 tsk medelhavskryddor (se recept)
½ tsk svartpeppar
2 msk extra virgin olivolja
2 schalottenlök, skivade
2 vitlöksklyftor, fint hackade
4 huvuden endiv, halverad på längden

1. Värm ugnen till 400°F. Använd en skalkniv och lossa mycket försiktigt huden från varje brösthalva och låt den sitta kvar på ena sidan. Lägg 2 citronskivor och 1 salviablad på köttet på varje bröst. Dra försiktigt tillbaka huden på plats och tryck försiktigt för att säkra.

2. Lägg upp kycklingen i en ytlig stekpanna. Pensla kyckling med 2 tsk olivolja; strö över medelhavskrydda och ¼ tesked av paprikan. Stek utan lock i cirka 55 minuter eller tills skalet är brunt och krispigt och en snabbavläsningstermometer insatt i kycklingen

registrerar 170°F. Låt kycklingen stå i 10 minuter innan servering.

3. Värm under tiden 2 msk olivolja i en stor stekpanna på medelvärme. Lägg till schalottenlök; koka i cirka 2 minuter eller tills den är genomskinlig. Strö endiven med den återstående ¼ tsk peppar. Tillsätt vitlök i pannan. Lägg endiven i pannan, skär sidorna nedåt. Koka i cirka 5 minuter eller tills de fått färg. Vänd försiktigt endive; koka i 2 till 3 minuter till eller tills de är mjuka. Servera med kyckling.

KYCKLING MED LÖK, VATTENKRASSE OCH RÄDISOR

FÖRBEREDELSE: 20 minuters rostning: 8 minuter rostning: 30 minuter gör: 4 portioner

ÄVEN OM DET KANSKE LÅTER KONSTIGT ATT LAGA RÄDISOR, DE ÄR KNAPPT TILLAGADE HÄR – PRECIS TILLRÄCKLIGT FÖR ATT MJUKA UPP DEN PEPPRIGA BITEN OCH MÖRA DEM LITE.

3 msk olivolja

4 10- till 12-ounce kycklingbrösthalvor med ben (med skinn)

1 msk citron-örtkrydda (se recept)

¾ kopp skivad salladslök

6 rädisor, tunt skivade

¼ tesked svartpeppar

½ kopp torr vit vermouth eller torrt vitt vin

⅓ kopp cashewkräm (se recept)

1 knippe vattenkrasse, stjälkar klippta, grovhackade

1 msk hackad färsk dill

1. Värm ugnen till 350°F. Hetta upp olivolja på medelhög värme i en stor panna. Torka kycklingen med hushållspapper. Stek kycklingen med skinnsidan nedåt i 4 till 5 minuter eller tills skinnet är gyllene och krispigt. Vänd på kycklingen; koka ca 4 minuter eller tills den är brun. Lägg kycklingen med skinnsidan uppåt i en grund ugnsform. Strö kycklingen med citron-örtkrydda. Grädda i ca. 30 minuter eller tills en omedelbar termometer som satts in i kycklingen registrerar 170°F.

2. Häll under tiden allt utom 1 matsked av dropparna från pannan; sätt tillbaka pannan på värmen. Tillsätt lök och rädisor; koka i ca 3 minuter eller bara tills löken vissnat.

Strö över peppar. Tillsätt vermouth, rör om för att skrapa upp brynta bitar. Koka upp; koka tills det reducerats och tjocknat något. Rör ner Cashew Cream; koka upp. Ta bort pannan från värmen; tillsätt vattenkrasse och dill, rör om försiktigt tills vattenkrasse vissnar. Rör i eventuell kycklingjuice som har samlats i ugnsformen.

3. Fördela salladsblandningen mellan fyra serveringsfat; toppa med kyckling.

KYCKLING TIKKA MASALA

FÖRBEREDELSE: 30 minuter Marinera: 4 till 6 timmar Koka: 15 minuter Stekt: 8 minuter
Gör: 4 portioner

DETTA VAR INSPIRERAT AV EN MYCKET POPULÄR INDISK MATRÄTTSOM KANSKE INTE ALLS HAR SKAPATS I INDIEN, UTAN SNARARE PÅ EN INDISK RESTAURANG I STORBRITANNIEN. TRADITIONELL CHICKEN TIKKA MASALA KRÄVER ATT KYCKLING MARINERAS I YOGHURT OCH SEDAN TILLAGAS I EN KRYDDIG TOMATSÅS STÄNKT MED GRÄDDE. UTAN MEJERIPRODUKTER SOM DÄMPAR SMAKEN AV SÅSEN, SMAKAR DENNA VERSION SÄRSKILT REN. ISTÄLLET FÖR RIS SERVERAS DET ÖVER KRISPIGA SQUASHNUDLAR.

1½ pund skinnfria, benfria kycklinglår eller kycklingbrösthalvor

¾ kopp naturlig kokosmjölk (som Nature's Way)

6 vitlöksklyftor, fint hackade

1 msk riven färsk ingefära

1 tsk mald koriander

1 tsk paprika

1 tsk malen spiskummin

¼ tsk mald kardemumma

4 matskedar raffinerad kokosolja

1 kopp hackade morötter

1 tunt skivad selleri

½ kopp hackad lök

2 jalapeño eller serrano chili, kärnade (om så önskas) och finhackade (se Tips)

1 14,5-ounce burk utan salttillsats eldrostade tärnade tomater, odränerade

1 8-ounce burk utan salttillsatt tomatsås

1 tsk garam masala utan tillsatt salt

3 medelstora zucchini

½ tsk svartpeppar

Färska korianderblad

1. Om du använder kycklinglår, skär varje lår i tre bitar. Om du använder kycklingbrösthalvor, skär varje brösthalva i 2-tums bitar, skär eventuella tjocka delar på mitten horisontellt för att göra dem tunnare. Lägg kycklingen i en stor återförslutbar plastpåse; lägga åt sidan. För marinad, kombinera ½ kopp kokosmjölk, vitlök, ingefära, koriander, paprika, spiskummin och kardemumma i en liten skål. Häll marinaden över kycklingen i påsen. Förslut påsen och vänd över till kycklingen. Placera påsen i medium skål; marinera i kylen i 4 till 6 timmar, vänd på påsen då och då.

2. Förvärm broiler. Värm 2 matskedar kokosolja på medelvärme i en stor panna. Tillsätt morötter, selleri och lök; koka 6 till 8 minuter eller tills grönsakerna är mjuka, rör om då och då. Lägg till jalapeños; koka och rör om i 1 minut till. Tillsätt odränerade tomater och tomatsås. Koka upp; minska värmen. Låt det puttra utan lock i ca 5 minuter eller tills såsen tjocknar lite.

3. Låt kycklingen rinna av, släng marinaden. Ordna kycklingbitarna i ett enda lager på det ouppvärmda gallret i en broilerpanna. Stek 5 till 6 tum från värme i 8 till 10 minuter eller tills kycklingen inte längre är rosa, vänd en gång halvvägs genom tillagningen. Tillsätt kokta kycklingbitar och resterande ¼ kopp kokosmjölk till tomatblandningen i pannan. Koka i 1 till 2 minuter eller tills den är genomvärmd. Avlägsna från värme; rör ner garam masala.

4. Putsa ändarna på zucchinin. Skär zucchinin i långa tunna strimlor med hjälp av en julienneskärare. Värm de

återstående 2 msk kokosolja över medelhög värme i en extra stor panna. Tillsätt zucchinistrimlor och svartpeppar. Koka och rör om i 2 till 3 minuter eller tills zucchinin är knaprig.

5. För att servera, dela zucchinin mellan fyra serveringsfat. Toppa med kycklingblandningen. Garnera med korianderblad.

RAS EL HANOUT KYCKLINGLÅR

FÖRBEREDELSE: 20 minuter tillagning: 40 minuter gör: 4 portioner

RAS EL HANOUT ÄR ETT KOMPLEXOCH EXOTISK MAROCKANSK KRYDDBLANDNING. TERMEN BETYDER "BUTIKENS CHEF" PÅ ARABISKA, VILKET ANTYDER ATT DET ÄR EN UNIK BLANDNING AV DE BÄSTA KRYDDORNA SOM KRYDDSÄLJAREN HAR ATT ERBJUDA. DET FINNS INGET FAST RECEPT PÅ RAS EL HANOUT, MEN DET INNEHÅLLER OFTA EN BLANDNING AV INGEFÄRA, ANIS, KANEL, MUSKOT, PEPPARKORN, KRYDDNEJLIKA, KARDEMUMMA, TORKADE BLOMMOR (SOM LAVENDEL OCH ROS), NIGELLA, MUSKOT, GALANGAL OCH GURKMEJA.

1 msk mald spiskummin

2 tsk mald ingefära

1½ tsk svartpeppar

1½ tsk mald kanel

1 tsk mald koriander

1 tsk cayennepeppar

1 tsk mald kryddpeppar

½ tsk mald kryddnejlika

¼ tsk mald muskotnöt

1 tsk saffranstrådar (valfritt)

4 msk oraffinerad kokosolja

8 benfria kycklinglår

1 8-ounce paket färska svampar, skivade

1 dl hackad lök

1 kopp hackad röd, gul eller grön paprika (1 stor)

4 romska tomater, kärnade ur, kärnade och hackade

4 vitlöksklyftor, fint hackade

2 13,5-ounce burkar naturlig kokosmjölk (som Nature's Way)

3 till 4 matskedar färsk limejuice

¼ kopp finhackad färsk koriander

1. För ras el hanout, kombinera spiskummin, ingefära, svartpeppar, kanel, koriander, cayennepeppar, kryddpeppar, kryddnejlika, muskotnöt och, om så önskas, saffran i en medelstor mortel eller liten skål. Mal med en mortelstöt eller rör om med en sked för att blanda väl. Lägg åt sidan.

2. Värm 2 matskedar kokosolja i en extra stor panna på medelvärme. Strö kycklinglår över 1 msk ras el hanout. Lägg kycklingen i pannan; koka i 5 till 6 minuter eller tills de fått färg, vänd en gång halvvägs genom tillagningen. Ta bort kycklingen från pannan; hålla varm.

3. Värm de återstående 2 msk kokosolja i samma panna på medelvärme. Tillsätt svamp, lök, paprika, tomater och vitlök. Koka och rör om i cirka 5 minuter eller tills grönsakerna är mjuka. Rör ner kokosmjölk, limejuice och 1 msk ras el hanout. Lägg tillbaka kycklingen i pannan. Koka upp; minska värmen. Sjud under lock i cirka 30 minuter eller tills kycklingen är mjuk (175°F).

4. Servera kyckling, grönsaker och sås i skålar. Garnera med koriander.

Obs: Förvara överbliven Ras el Hanout i en täckt behållare i upp till 1 månad.

STJÄRNFRUKT ADOBO KYCKLINGLÅR ÖVER ROSTAD SPENAT

FÖRBEREDELSE: 40 minuter Marinering: 4 till 8 timmar Matlagning: 45 minuter Gör: 4 portioner

TORKA EVENTUELLT KYCKLINGENMED HUSHÅLLSPAPPER EFTER ATT DEN KOMMER UR MARINADEN INNAN DU BRYNER DEN I GRYTAN. EVENTUELL VÄTSKA KVAR PÅ KÖTTET KOMMER ATT STÄNKA NER I DEN HETA OLJAN.

8 benfria kycklinglår (1½ till 2 pund), skalade
¾ kopp vit eller cidervinäger
¾ kopp färsk apelsinjuice
½ kopp vatten
¼ kopp hackad lök
¼ kopp hackad färsk koriander
4 vitlöksklyftor, fint hackade
½ tsk svartpeppar
1 msk olivolja
1 stjärnfrukt (carambola), skivad
1 kopp kycklingbensbuljong (se recept) eller kycklingbuljong utan salt
2 9-ounce förpackningar färska spenatblad
Färska korianderblad (valfritt)

1. Placera kycklingen i en holländsk ugn av rostfritt stål eller emalj; lägga åt sidan. I en medelstor skål, kombinera vinäger, apelsinjuice, vatten, lök, ¼ kopp hackad koriander, vitlök och peppar; häll över kycklingen. Täck över och marinera i kylen i 4 till 8 timmar.

2. Koka upp kycklingblandningen i holländsk ugn på medelhög värme; minska värmen. Täck över och låt sjuda i 35 till 40 minuter eller tills kycklingen inte längre är rosa (175°F).

3. Hetta upp olja på medelhög värme i en extra stor panna. Ta bort kycklingen från den holländska ugnen med en tång, skaka försiktigt så att matlagningsvätskan droppar av; reserv kokvätska. Bryn kycklingen på alla sidor, vänd den ofta tills den fått en jämn färg.

4. Under tiden, för sås, sila kokvätskan; gå tillbaka till holländsk ugn. Koka upp. Koka ca 4 minuter för att reducera och tjockna något; lägg till stjärnfrukt; koka i 1 minut till. Lägg tillbaka kycklingen till såsen i den holländska ugnen. Avlägsna från värme; täck för att hålla värmen.

5. Torka av pannan. Häll kycklingbensbuljong i pannan. Koka upp på medelhög värme; rör ner spenat. Sänk värmen; låt sjuda i 1 till 2 minuter eller tills spenaten precis vissnat, rör hela tiden. Överför spenaten till ett serveringsfat med en hålslev. Toppa med kyckling och sås. Om så önskas, strö över korianderblad.

KYCKLING POBLANO KÅL TACOS MED CHIPOTLE MAYO

FÖRBEREDELSE: 25 minuter rostning: 40 minuter gör: 4 portioner

SERVERA DESSA STÖKIGA MEN GODA TACOSMED EN GAFFEL FÖR ATT PLOCKA UPP FYLLNINGEN SOM FALLER UR KÅLBLADET NÄR DU ÄTER DET.

- 1 msk olivolja
- 2 poblano chili, kärnade (om så önskas) och hackade (se Tips)
- ½ kopp hackad lök
- 3 vitlöksklyftor, fint hackade
- 1 msk saltfritt chilipulver
- 2 tsk malen spiskummin
- ½ tsk svartpeppar
- 1 8-ounce burk utan salttillsatt tomatsås
- ¾ kopp kycklingbensbuljong (se recept) eller kycklingbuljong utan salt
- 1 tsk torkad mexikansk oregano, krossad
- 1 till 1½ pund skinnfria, benfria kycklinglår
- 10 till 12 medelstora till stora kålblad
- Chipotle Paleo Mayo (se recept)

1. Värm ugnen till 350°F. Hetta upp oljan på medelhög värme i en stor ugnssäker panna. Tillsätt poblano chili, lök och vitlök; koka och rör om i 2 minuter. Rör ner chilipulver, spiskummin och svartpeppar; koka och rör om i 1 minut till (minska värmen om det behövs för att förhindra att kryddorna bränns).

2. Tillsätt tomatsås, kycklingbensbuljong och oregano i pannan. Koka upp. Lägg försiktigt ner kycklinglåren i tomatblandningen. Täck pannan med ett lock. Grädda i ca.

40 minuter eller tills kycklingen är mör (175°F), vänd kycklingen halvvägs.

3. Ta bort kycklingen från pannan; svalna något. Använd två gafflar för att strimla kycklingen i lagom stora bitar. Rör ner den strimlade kycklingen i tomatblandningen i pannan.

4. För att servera, skänk kycklingblandningen i kålbladen; toppa med Chipotle Paleo Mayo.

KYCKLINGGRYTA MED BABYMORÖTTER OCH BOK CHOY

FÖRBEREDELSE:15 minuter tillagning: 24 minuter stående: 2 minuter gör: 4 portioner

BABY BOK CHOY ÄR MYCKET KÄNSLIGOCH KAN ÖVERKOKAS PÅ NOLLTID. FÖR ATT HÅLLA DEN KRISPIG OCH FRÄSCH - INTE VISSEN OCH BLÖT - VAR NOGA MED ATT ÅNGA DEN I DEN TÄCKTA VARMA GRYTAN (AV VÄRMEN) I HÖGST 2 MINUTER INNAN DU SERVERAR GRYTAN.

2 msk olivolja

1 skivad purjolök (vita och ljusgröna delar)

4 dl kycklingbensbuljong (se recept) eller kycklingbuljong utan salt

1 dl torrt vitt vin

1 msk senap i Dijon-stil (se recept)

½ tsk svartpeppar

1 kvist färsk timjan

1¼ pund skinnfria, benfria kycklinglår, skurna i 1-tums bitar

8 uns babymorötter med toppar, skurade, putsade och halverade på längden, eller 2 medelstora morötter, diagonalt skivade

2 tsk finrivet citronskal (lägg åt sidan)

1 msk färsk citronsaft

2 huvuden baby bok choy

½ tsk hackad färsk timjan

1. Värm 1 msk olivolja i en stor kastrull på medelvärme. Koka purjolök i het olja i 3 till 4 minuter eller tills den vissnat. Tillsätt kycklingbensbuljongen, vinet, senap i dijonstil, ¼ tesked av peppan och timjankvisten. Koka upp; minska värmen. Koka i 10 till 12 minuter eller tills vätskan reducerats med ungefär en tredjedel. Kasta timjankvisten.

2. Värm under tiden den återstående 1 msk olivolja i en holländsk ugn på medelhög värme. Strö över kycklingen med resterande ¼ tsk peppar. Koka i het olja i cirka 3 minuter eller tills de fått färg, rör om då och då. Häll av fett vid behov. Tillsätt försiktigt den reducerade buljongblandningen i grytan, skrapa upp eventuella bruna bitar; tillsätt morötter. Koka upp; minska värmen. Sjud utan lock i 8 till 10 minuter eller bara tills morötterna är mjuka. Rör ner citronsaft. Skär bok choy på längden. (Om bok choyhuvudena är stora, skär i fjärdedelar.) Lägg bok choyn ovanpå kycklingen i grytan. Täck och ta bort från värmen; låt stå i 2 minuter.

3. Häll upp gryta i grunda skålar. Strö över citronskal och hackad timjan.

CASHEW-APELSIN KYCKLING OCH PAPRIKARÖRA I SALLADSWRAPS

BÖRJA TILL SLUT: 45 minuter gör: 4 till 6 portioner

DU HITTAR TVÅ TYPERKOKOSOLJA PÅ HYLLORNA – RAFFINERAD OCH EXTRA VIRGIN, ELLER ORAFFINERAD. SOM NAMNET ANTYDER KOMMER EXTRA VIRGIN KOKOSOLJA FRÅN DEN FÖRSTA PRESSNINGEN AV DEN FÄRSKA, RÅA KOKOSNÖTEN. DET ÄR ALLTID DET BÄSTA VALET NÄR DU LAGAR MAT PÅ MEDELHÖG ELLER MEDELHÖG VÄRME. RAFFINERAD KOKOSOLJA HAR EN HÖGRE RÖKPUNKT, SÅ ANVÄND DEN ENDAST NÄR DU LAGAR MAT PÅ HÖG VÄRME.

1 msk raffinerad kokosolja

1½ till 2 pund skinnfria, benfria kycklinglår, skurna i tunna strimlor

3 röda, orange och/eller gula paprikor, stjälkade, kärnade och tunt skivade i lagom stora strimlor

1 rödlök, halverad på längden och tunt skivad

1 tsk finrivet apelsinskal (lägg åt sidan)

½ kopp färsk apelsinjuice

1 msk finhackad färsk ingefära

3 vitlöksklyftor, fint hackade

1 kopp osaltade råa cashewnötter, rostade och grovt hackade (se Tips)

½ kopp skivad grön lök (4)

8 till 10 smör- eller isbergssalladsblad

1. Hetta upp kokosoljan på hög värme i en wok eller stor stekpanna. Lägg till kyckling; koka och rör om i 2 minuter. Tillsätt paprika och lök; koka och rör om i 2 till 3 minuter eller tills grönsakerna börjar mjukna. Ta bort kycklingen och grönsakerna från woken; hålla varm.

2. Torka ur woken med hushållspapper. Tillsätt apelsinjuicen i woken. Koka i cirka 3 minuter eller tills saften kokar och reducerar något. Tillsätt ingefära och vitlök. Koka och rör om i 1 minut. Lägg tillbaka kyckling- och pepparblandningen i woken. Rör ner apelsinskal, cashewnötter och lök. Servera smeten på salladsblad.

VIETNAMESISK KOKOS CITRONGRÄSKYCKLING

BÖRJA TILL SLUT: 30 minuter gör: 4 portioner

DENNA SNABBA KOKOSCURRYKAN VARA PÅ BORDET INOM 30 MINUTER FRÅN DET ATT DU BÖRJAR HACKA, VILKET GÖR DET TILL EN IDEALISK MÅLTID FÖR EN HEKTISK VECKOKVÄLL.

- 1 matsked oraffinerad kokosolja
- 4 stjälkar citrongräs (endast bleka delar)
- 1 3,2 uns paket ostronsvampar, hackade
- 1 stor lök, tunt skivad, halverad
- 1 färsk jalapeño, kärnad och finhackad (se Tips)
- 2 msk finhackad färsk ingefära
- 3 klyftor hackad vitlök
- 1½ pund skinnfria, benfria kycklinglår, tunt skivade och skurna i lagom stora bitar
- ½ kopp naturlig kokosmjölk (som Nature's Way)
- ½ kopp kycklingbensbuljong (se recept) eller kycklingbuljong utan salt
- 1 msk saltfritt rött currypulver
- ½ tsk svartpeppar
- ½ kopp hackade färska basilikablad
- 2 msk färsk limejuice
- Osötad rakad kokosnöt (valfritt)

1. Hetta upp kokosolja på medelvärme i en extra stor panna. Lägg till citrongräs; koka och rör om i 1 minut. Tillsätt svamp, lök, jalapeño, ingefära och vitlök; koka och rör om i 2 minuter eller tills löken är precis mjuk. Lägg till kyckling; koka i ca 3 minuter eller tills kycklingen är genomstekt.

2. Kombinera kokosmjölk, kycklingbensbuljong, currypulver och svartpeppar i en liten skål. Tillsätt

kycklingblandningen i pannan; koka i 1 minut eller tills vätskan har tjocknat något. Avlägsna från värme; rör ner färsk basilika och limejuice. Om så önskas, strö över portioner med kokos.

GRILLAD KYCKLING OCH ÄPPLE ESCAROLE SALLAD

FÖRBEREDELSE: 30 minuter grill: 12 minuter gör: 4 portioner

OM DU GILLAR ETT SÖTARE ÄPPLE, GÅ MED HONEYCRISP. OM DU GILLAR ETT SYRLIGT ÄPPLE, ANVÄND GRANNY SMITH - ELLER, FÖR BALANS, PROVA EN BLANDNING AV DE TVÅ SORTERNA.

3 medium Honeycrisp eller Granny Smith äpplen
4 tsk extra virgin olivolja
½ dl finhackad schalottenlök
2 msk hackad färsk persilja
1 msk fågelkrydda
3 till 4 escarolehuvuden, i fjärdedelar
1 pund malet kyckling- eller kalkonbröst
⅓ kopp hackade rostade hasselnötter*
⅓ kopp klassisk fransk vinägrett (se recept)

1. Halvera och kärna ur äpplena. Skala och finhacka 1 av äpplena. Hetta upp 1 tsk olivolja på medelvärme i en medelstor stekpanna. Tillsätt hackat äpple och schalottenlök; koka tills de är mjuka. Rör ner persilja och fågelkrydda. Ställ åt sidan för att svalna.

2. Kärna ur under tiden de återstående 2 äpplena och skär i skivor. Pensla de skurna sidorna av äppelklyftorna och escarole med den återstående olivoljan. Kombinera kycklingen och den kylda äppelblandningen i en stor skål. Dela i åtta portioner; forma varje del till en 2-tums diameter patty.

3. För en kol- eller gasgrill, lägg kycklingbiffar och äppelbitar på ett grillgaller direkt på medelvärme. Täck över och

grilla i 10 minuter, vänd en gång halvvägs genom grillningen. Tillsätt escarole, skär sidorna nedåt. Täck över och stek 2 till 4 minuter eller tills escarole är lätt förkolnat, äpplena är möra och kycklingbiffarna är klara (165°F).

4. Grovhacka escarole. Dela escarole mellan fyra serveringsfat. Toppa med kycklingkakor, äppelklyftor och hasselnötter. Ringla över klassisk fransk vinägrett.

*Tips: För att rosta hasselnötter, förvärm ugnen till 350°F. Bred ut nötter i ett enda lager i en ytlig stekpanna. Grädda i 8 till 10 minuter eller tills lätt rostat, rör om en gång för att rosta jämnt. Kyl nötterna något. Lägg de varma nötterna på en ren kökshandduk; gnugga med handduken för att ta bort de lösa skinnen.

TOSKANSK KYCKLINGSOPPA MED GRÖNKÅLSBAND

FÖRBEREDELSE:15 minuter tillagning: 20 minuter ger: 4 till 6 portioner

EN SKED PESTO- DITT VAL AV ANTINGEN BASILIKA ELLER RUCCOLA - GER BRA SMAK TILL DENNA SALTA SOPPA KRYDDAD MED SALTFRI FJÄDERFÄKRYDDA. FÖR ATT HÅLLA GRÖNKÅLSBANDEN LJUSGRÖNA OCH SÅ FULLA AV NÄRINGSÄMNEN SOM MÖJLIGT ÄR DET BARA ATT KOKA DEM TILLS DE VISSNAT.

1 pund mald kyckling
2 msk fågelkrydda utan tillsatt salt
1 tsk fint rivet citronskal
1 msk olivolja
1 dl hackad lök
½ kopp hackade morötter
1 dl hackad selleri
4 vitlöksklyftor, skivade
4 dl kycklingbensbuljong (se recept) eller kycklingbuljong utan salt
1 14,5-ounce burk utan salttillsatta eldrostade tomater, odränerade
1 knippe Lacinato (toskansk) grönkål, stjälkarna borttagna, skurna i band
2 matskedar färsk citronsaft
1 tsk hackad färsk timjan
Basilika eller ruccola pesto (se recept)

1. Kombinera mald kyckling, fågelkrydda och citronskal i en medelstor skål. Blanda väl.

2. Värm olivolja på medelvärme i en holländsk ugn. Tillsätt kycklingblandning, lök, morötter och selleri; koka i 5 till 8 minuter eller tills kycklingen inte längre är rosa, rör om med en träslev för att bryta upp köttet och lägg till

vitlökskivor under den sista 1 minut av tillagningen. Tillsätt kycklingbensbuljong och tomater. Koka upp; minska värmen. Täck över och låt sjuda i 15 minuter. Rör ner grönkål, citronsaft och timjan. Sjud utan lock i cirka 5 minuter eller tills grönkålen knappt vissnat.

3. För att servera, häll soppan i serveringsskålar och toppa med basilika eller ruccola pesto.

KYCKLING LARB

FÖRBEREDELSE: 15 minuter tillagning: 8 minuter kylning: 20 minuter gör: 4 portioner

DENNA VERSION AV DEN POPULÄRA THAILÄNDSKA RÄTTEN AV KRYDDAD MALD KYCKLING OCH GRÖNSAKER SOM SERVERAS I SALLADSBLAD ÄR OTROLIGT LÄTT OCH VÄLSMAKANDE - UTAN TILLSATS AV SOCKER, SALT OCH FISKSÅS (SOM ÄR MYCKET NATRIUMRIK) SOM TRADITIONELLT ÄR EN DEL AV INGREDIENSLISTAN. MED VITLÖK, THAILÄNDSK CHILI, CITRONGRÄS, LIMEZEST, LIMEJUICE, MYNTA OCH KORIANDER VILL DU INTE MISSA DEM.

1 msk raffinerad kokosolja
2 pund mald kyckling (95 % magert eller malet bröst)
8 gram knappsvamp, finhackad
1 dl finhackad rödlök
1 till 2 thailändska chili, kärnade och finhackade (se Tips)
2 matskedar finhackad vitlök
2 msk finhackat citrongräs*
¼ tesked mald kryddnejlika
¼ tesked svartpeppar
1 msk finrivet limeskal
½ kopp färsk limejuice
⅓ kopp tätt packade färska myntablad, hackade
⅓ kopp tätt packad färsk koriander, hackad
1 huvud isbergssallad, uppdelad i blad

1. Hetta upp kokosolja på medelhög värme i en extra stor panna. Tillsätt mald kyckling, svamp, lök, chili(ar), vitlök, citrongräs, kryddnejlika och svartpeppar. Koka i 8 till 10 minuter eller tills kycklingen är genomstekt, rör om med en träslev för att bryta upp köttet när det tillagas. Töm vid behov. Överför kycklingblandningen till en extra stor skål.

Låt svalna i ca. 20 minuter eller tills det är något varmare än rumstemperatur, rör om då och då.

2. Rör ner limeskal, limesaft, mynta och koriander i kycklingblandningen. Servera i salladsblad.

*Tips: För att förbereda citrongräset behöver du en vass kniv. Skär av den vedartade stjälken från stammens bas och de sega gröna bladen på toppen av plantan. Ta bort de två hårda yttre lagren. Du bör ha en bit citrongräs som är cirka 6 tum lång och ljusgul-vit. Skär stammen på mitten horisontellt, skär sedan varje halva på mitten igen. Skiva varje fjärdedel av stjälken mycket tunt.

KYCKLINGBURGARE MED SZECHWAN CASHEWSÅS

FÖRBEREDELSE: 30 minuter tillagning: 5 minuter grillning: 14 minuter gör: 4 portioner

CHILIOLJAN GJORD GENOM UPPHETTNINGOLIVOLJA MED KROSSAD RÖD PAPRIKA KAN OCKSÅ ANVÄNDAS PÅ ANDRA SÄTT. ANVÄND DEN FÖR ATT FRÄSA FÄRSKA GRÖNSAKER – ELLER SLÄNG DEM MED LITE CHILIOLJA INNAN DU STEKER.

2 msk olivolja

¼ tsk krossad röd paprika

2 koppar råa cashewnötter, rostade (se Tips)

¼ kopp olivolja

½ kopp strimlad zucchini

¼ kopp finhackad gräslök

2 vitlöksklyftor, fint hackade

2 tsk fint rivet citronskal

2 tsk riven färsk ingefära

1 pund malet kyckling- eller kalkonbröst

SZECHWAN CASHEWSÅS

1 msk olivolja

2 msk finhackad lök

1 msk riven färsk ingefära

1 tsk kinesiskt pulver med fem kryddor

1 tsk färsk limejuice

4 gröna blad eller smörsallatsblad

1. Till chilioljan, blanda olivolja och krossad röd paprika i en liten kastrull. Värm på låg värme i 5 minuter. Avlägsna från värme; låt svalna.

2. För cashewsmör, lägg cashewnötter och 1 msk olivolja i en mixer. Täck över och blanda tills det är krämigt, sluta

skrapa ner sidorna efter behov och tillsätt ytterligare olivolja, 1 matsked åt gången, tills hela ¼ koppen har använts och smöret är mycket mjukt; lägga åt sidan.

3. Kombinera zucchini, gräslök, vitlök, citronskal och 2 tsk ingefära i en stor skål. Tillsätt mald kyckling; Blanda väl. Forma kycklingblandningen till fyra ½ tum tjocka biffar.

4. För en kol- eller gasgrill, lägg biffar på det smorda gallret direkt på medelvärme. Täck över och grilla i 14 till 16 minuter eller tills den är klar (165°F), vänd en gång halvvägs genom grillningen.

5. Under tiden, för såsen, värm olivolja i en liten panna på medelvärme. Tillsätt salladslöken och 1 msk ingefära; koka på medelhög värme i 2 minuter eller tills löken mjuknat. Tillsätt ½ kopp cashewsmör (frys överblivet cashewsmör i upp till 1 vecka), chiliolja, limejuice och pulver med fem kryddor. Koka i ytterligare 2 minuter. Avlägsna från värme.

6. Servera köttbullar på salladsbladen. Ringla över sås.

TURKISKA KYCKLINGWRAPS

FÖRBEREDELSE:25 minuter stå: 15 minuter koka: 8 minuter gör: 4 till 6 portioner

"BAHARAT" BETYDER HELT ENKELT "KRYDDA" PÅ ARABISKA. EN MÅNGSIDIG KRYDDA I KÖKET FRÅN MELLANÖSTERN, DEN ANVÄNDS OFTA SOM EN GNIDNING PÅ FISK, FÅGEL OCH KÖTT ELLER BLANDAS MED OLIVOLJA OCH ANVÄNDS SOM GRÖNSAKSMARINAD. KOMBINATIONEN AV VARMA, SÖTA KRYDDOR SOM KANEL, SPISKUMMIN, KORIANDER, KRYDDNEJLIKA OCH PAPRIKA GÖR DEN EXTRA AROMATISK. TILLSATSEN AV TORKAD MYNTA ÄR EN TURKISK TOUCH.

⅓ kopp hackade osavlade torkade aprikoser
⅓ kopp skivade torkade fikon
1 matsked oraffinerad kokosolja
1½ pund malet kycklingbröst
3 koppar skivad purjolök (endast vita och ljusgröna delar) (3)
⅔ av en medelgrön och/eller röd paprika, tunt skivad
2 msk Baharat krydda (se recept, Nedan)
2 vitloksklyftor, fint hackade
1 kopp hackade tomater med kärnor (2 medelstora)
1 kopp hackad gurka med kärnor (½ av en medium)
½ kopp hackade, osaltade pistagenötter, rostade (se Tips)
¼ kopp hackad färsk mynta
¼ kopp hackad färsk persilja
8 till 12 stora smörhuvuds- eller Bibb-sallatsblad

1. Lägg aprikoserna och fikonen i en liten skål. Tillsätt ⅔ kopp kokande vatten; låt stå i 15 minuter. Häll av, reservera ½ kopp vätska.

2. Värm under tiden kokosolja på medelvärme i en extra stor panna. Tillsätt mald kyckling; koka i 3 minuter, rör om

med en träslev för att bryta upp köttet när det tillagas. Tillsätt purjolök, paprika, Baharat-krydda och vitlök; koka och rör om i ca 3 minuter eller tills kycklingen är klar och paprikan precis mjuk. Tillsätt aprikoser, fikon, reserverad vätska, tomater och gurka. Koka och rör om i cirka 2 minuter eller tills tomaterna och gurkan precis börjar brytas ner. Rör ner pistagenötter, mynta och persilja.

3. Servera kyckling och grönsaker i salladsblad.

Baharat Kryddor: Kombinera 2 matskedar söt paprika i en liten skål; 1 matsked svartpeppar; 2 teskedar torkad mynta, fint krossad; 2 teskedar mald spiskummin; 2 tsk mald koriander; 2 teskedar mald kanel; 2 tsk malda kryddnejlika; 1 tesked mald muskotnöt; och 1 tsk mald kardemumma. Förvara i en tättsluten behållare i rumstemperatur. Gör cirka ½ kopp.

SPANSKA CORNISH HÖNS

FÖRBEREDELSE:10 minuters rostning: 30 minuter rostning: 6 minuter ger: 2 till 3 portioner

DET HÄR RECEPTET KAN INTE BLI ENKLARE– OCH RESULTATET ÄR HELT FANTASTISKT. RIKLIGA MÄNGDER RÖKT PAPRIKA, VITLÖK OCH CITRON GER DESSA SMÅ FÅGLAR EN FANTASTISK SMAK.

2 1½ pund Cornish höns, tinade om de är frysta
1 msk olivolja
6 vitlöksklyftor, hackade
2 till 3 matskedar rökt söt paprika
¼ till ½ tesked cayennepeppar (valfritt)
2 citroner, i fjärdedelar
2 msk hackad färsk persilja (valfritt)

1. Värm ugnen till 375°F. För att kvartera vilthöns, använd en kökssax eller en vass kniv för att skära längs båda sidorna av den smala ryggraden. Fjäril öppna fågeln och skär hönan på mitten genom bröstbenet. Ta bort bakdelen genom att skära igenom skinnet och köttet som separerar låren från bröstet. Håll vingen och bröstet intakta. Gnid olivolja över korniska hönsbitar. Strö över hackad vitlök.

2. Lägg kycklingbitarna med skinnsidan uppåt i en extra stor ugnsgryta. Strö över rökt paprika och cayennepeppar. Pressa citronkvartarna över hönsen; tillsätt citronkjärtar i grytan. Vänd kycklingbitarna med skinnsidan ner i pannan. Täck över och koka i 30 minuter. Ta ut pannan från ugnen.

3. Förvärm broiler. Använd en tång och vänd bitarna. Justera ugnsgallret. Rosta 4 till 5 tum från värme i 6 till 8 minuter tills huden är brun och hönsen är färdiga (175 ° F). Ringla över pannsaft. Om så önskas, strö över persilja.

PISTAGESTEKTA CORNISH HÖNS MED RUCCOLA, APRIKOS OCH FÄNKÅLSSALLAD

FÖRBEREDELSE:30 minuter kylning: 2 till 12 timmar bakning: 50 minuter stående: 10 minuter gör: 8 portioner

EN PISTASCHPESTO GJORDMED PERSILJA, TIMJAN, VITLÖK, APELSINSKAL, APELSINJUICE OCH OLIVOLJA LÄGGS UNDER HUDEN PÅ VARJE FÅGEL INNAN MARINERING.

4 20 till 24 uns Cornish vilthöns

3 koppar råa pistagenötter

2 msk hackad färsk italiensk (plattbladig) persilja

1 msk hackad timjan

1 stor vitlöksklyfta, finhackad

2 tsk fint rivet apelsinskal

2 msk färsk apelsinjuice

¾ kopp olivolja

2 stora lökar, tunt skivade

½ kopp färsk apelsinjuice

2 matskedar färsk citronsaft

¼ tsk nymalen svartpeppar

¼ tsk torr senap

2 5-ounce förpackningar ruccola

1 stor fänkålslök, tunt rakad

2 msk hackade fänkålsblad

4 aprikoser, urkärnade och tunt skivade

1. Spola den inre håligheten hos corniska vilthöns. Knyt ihop benen med 100 % bomullssnöre. Stoppa vingar under kroppen; lägga åt sidan.

2. Kombinera pistagenötter, persilja, timjan, vitlök, apelsinskal och apelsinjuice i en matberedare eller mixer. Bearbeta tills en grov pasta bildas. Med processorn igång, tillsätt ¼ kopp olivolja i en långsam, jämn ström.

3. Använd fingrarna för att lossa huden på bröstsidan av en höna för att skapa en ficka. Fördela en fjärdedel av pistageblandningen jämnt under huden. Upprepa med resterande höns och pistageblandning. Fördela skivad lök över botten av stekpannan; lägg kycklingarna med bröstsidan uppåt ovanpå lök. Täck och kyl i 2 till 12 timmar.

4. Värm ugnen till 425°F. Stek höns i 30 till 35 minuter eller tills en omedelbar termometer som sätts in i en inre lårmuskel registrerar 175°F.

5. Under tiden, för dressing, kombinera apelsinjuice, citronsaft, peppar och senap i en liten skål. Blanda väl. Tillsätt den återstående ½ koppen olivolja i en långsam, jämn ström, under konstant vispning.

6. För sallad, kombinera ruccola, fänkål, fänkålsblad och aprikoser i en stor skål. Ringla lätt med dressing; kasta väl. Reservera extra dressing för annat ändamål.

7. Ta ut hönsen från ugnen; tälta löst med folie och låt stå i 10 minuter. För att servera, dela salladen jämnt mellan åtta serveringsfat. Skär hönsen på mitten på längden; lägg kycklinghalvorna på sallader. Servera omedelbart.

ANKBRÖST MED GRANATÄPPLE OCH JICAMASALLAD

FÖRBEREDELSE: 15 minuter tillagning: 15 minuter gör: 4 portioner

ATT SKÄRA ETT DIAMANTMÖNSTER I FETTET FRÅN ANKBRÖSTEN LÅTER FETTET RINNA AV MEDAN DE GARAM MASALA-KRYDDADE BRÖSTEN TILLAGAS. DROPPARNA KOMBINERAS MED JICAMA, GRANATÄPPLEKÄRNOR, APELSINJUICE OCH NÖTBULJONG OCH SLÄNGS MED PEPPARGRÖNT FÖR ATT VISSNA DEM LITE.

4 benfria Muscovy ankbröst (cirka 1½ till 2 pund totalt)
1 msk garam masala
1 matsked oraffinerad kokosolja
2 koppar tärnad skalad jicama
½ kopp granatäpplekärnor
¼ kopp färsk apelsinjuice
¼ kopp köttbensbuljong (se recept) eller nötbuljong utan salt
3 dl vattenkrasse, stjälkarna borttagna
3 dl riven frisée och/eller tunt skivad belgisk endive

1. Använd en vass kniv och gör grunda snitt med diamantmönster i ankbröstets fett med 1 tums mellanrum. Strö båda sidorna av brösthalvorna med garam masala. Värm en extra stor panna på medelvärme. Smält kokosoljan i den heta pannan. Lägg brösthalvorna med skinnsidan nedåt i pannan. Koka med skinnsidan nedåt i 8 minuter, se till att inte bryna för snabbt (minska värmen vid behov). Vänd ankbrösten; koka i 5 till 6 minuter till eller tills en termometer som sätts in i brösthalvorna registrerar 145°F för medium. Ta bort

brösthalvorna, spara droppar i pannan; täck med folie för att hålla värmen.

2. För dressing, tillsätt jicama till droppar i pannan; koka och rör om i 2 minuter på medelvärme. Tillsätt granatäpplekärnor, apelsinjuice och nötbuljong i pannan. Koka upp; omedelbart borttagen från värmen.

3. För sallad, kombinera vattenkrasse och frisée i en stor skål. Häll varm dressing över gröna; kasta till beläggning.

4. Fördela salladen på fyra mattallrikar. Skär ankbrösten i tunna skivor och lägg på sallader.

STEKT KALKON MED VITLÖKSMOSADE RÖTTER

FÖRBEREDELSE: 1 timme Bakning: 2 timmar 45 minuter Stand: 15 minuter Gör: 12 till 14 portioner

LETA EFTER EN KALKON SOM HARINTE INJICERATS MED EN KOKSALTLÖSNING. OM ETIKETTEN SÄGER "FÖRBÄTTRAD" ELLER "SJÄLVTRÅLANDE" ÄR DEN FÖRMODLIGEN FULL AV NATRIUM OCH ANDRA TILLSATSER.

1 12- till 14-pund kalkon

2 matskedar medelhavskryddor (se recept)

¼ kopp olivolja

3 pund medelstora morötter, skalade, putsade och halverade eller fjärdedelar på längden

1 recept Garlicky Moshed Roots (se recept, Nedan)

1. Värm ugnen till 425°F. Ta bort hals och inälvor från kalkon; reservera för annat bruk om så önskas. Lossa försiktigt huden från kanten av bröstet. Dra fingrarna under huden för att skapa en ficka överst på bröstet och överst på trumpinnarna. Sked 1 matsked medelhavskrydda under huden; använd fingrarna för att fördela det jämnt över bröstet och trumpinnar. Dra nackhuden bakåt; fäst med ett spett. Stoppa ändarna av trumpinnar under skinnbandet ovanför svansen. Om det inte finns något hudband, knyt trumpinnar säkert till svansen med 100 % bomullssnöre. Vrid vingspetsar under ryggen.

2. Lägg kalkonbröstet uppåt på ett galler i en ytlig, extra stor långpanna. Pensla kalkon med 2 msk olja. Strö kalkon med resterande medelhavskrydda. Sätt in en ugnssäker köttermometer i mitten av en inre lårmuskel;

termometern ska inte röra ben. Täck kalkonen löst med folie.

3. Grädda i 30 minuter. Sänk ugnstemperaturen till 325°F. Grädda i 1½ timme. Kombinera morötter och återstående 2 matskedar olja i extra stor skål; kasta till beläggning. Fördela morötter i en stor bakplåt. Ta bort folien från kalkonen och skär remsor av läder eller garn mellan trumpinnar. Rosta morötter och kalkon i 45 minuter till 1¼ timmar till eller tills termometern registrerar 175°F.

4. Ta ut kalkonen ur ugnen. Omslag; låt stå 15 till 20 minuter innan du skär. Servera kalkon med morötter och garlicky mosade rötter.

Garlicky Mosade rötter: Trimma och skala 3 till 3½ pounds rutabagas och 1½ till 2 pounds sellerirot; skär i 2-tums bitar. Koka rutabagas och rotselleri i en 6-liters gryta i tillräckligt med kokande vatten för att täcka i 25 till 30 minuter eller tills de är mycket mjuka. Under tiden, i en liten kastrull, kombinera 3 matskedar extra jungfruolja och 6 till 8 hackad vitlöksklyfta. Koka på låg värme i 5 till 10 minuter eller tills vitlöken är mycket doftande men inte brynt. Tillsätt försiktigt ¾ kopp kycklingbensbuljong (se recept) eller kycklingbuljong utan salt. Koka upp; avlägsna från värme. Häll av grönsakerna och lägg tillbaka i grytan. Mosa grönsakerna med en potatisstöt eller vispa med elmixer på låg. Tillsätt ½ tsk svartpeppar. Mosa eller vispa i buljongblandningen gradvis tills grönsakerna är blandade och nästan släta. Om det behövs, tillsätt ytterligare en ¼ kopp kycklingbensbuljong för att uppnå önskad konsistens.

FYLLDA KALKONBRÖST MED PESTOSÅS OCH RUCCOLASALLAD

FÖRBEREDELSE:30 minuter gräddning: 1 timme 30 minuter stå: 20 minuter gör: 6 portioner

DETTA ÄR FÖR ÄLSKARE AV VITT KÖTTDÄR UTE - ETT KRISPIGT KALKONBRÖST FYLLT MED SOLTORKADE TOMATER, BASILIKA OCH MEDELHAVSKRYDDOR. RESTER BLIR EN FANTASTISK LUNCH.

1 kopp svavelfria soltorkade tomater (ej oljepackade)

1 4-kilos benfritt kalkonbröst, hälften med skinn

3 tsk medelhavskryddor (se recept)

1 kopp löst packade färska basilikablad

1 msk olivolja

8 gram baby ruccola

3 stora tomater, halverade och skivade

¼ kopp olivolja

2 msk rödvinsvinäger

Svartpeppar

1½ dl basilikapesto (se recept)

1. Värm ugnen till 375°F. Häll tillräckligt med kokande vatten över torkade tomater i en liten skål för att täcka. Låt stå i 5 minuter; låt rinna av och finhacka.

2. Lägg kalkonbröstet med skinnsidan nedåt på ett stort ark plastfolie. Lägg ytterligare ett ark plastfolie över kalkonen. Använd den platta sidan av en köttklubba och slå försiktigt bringan till en jämn tjocklek, cirka ¾ tum tjock. Kassera plastfolie. Strö 1½ tsk medelhavskrydda över köttet. Toppa med tomater och basilikablad. Rulla försiktigt ihop kalkonbröstet, behåll skalet på utsidan.

Använd köksgarn av 100 % bomull och knyt steken på fyra till sex ställen för att säkra. Pensla med 1 msk olivolja. Strö över steken med resterande 1½ tsk medelhavskrydda.

3. Lägg steken på galler i en grund form med skinnsidan uppåt. Grädda utan lock i 1½ timme eller tills en termometer nära mitten visar 165°F och huden är gyllenbrun och krispig. Ta ut kalkonen från ugnen. Täck löst med folie; låt stå i 20 minuter innan du skär upp.

4. För ruccolasallad, kombinera ruccola, tomater, ¼ kopp olivolja, vinäger och peppar i en stor skål efter smak. Ta bort strängarna från steken. Tunt skivad kalkon. Servera med rucolasallad och basilikapesto.

KRYDDIGT KALKONBRÖST MED CHERRY BBQ-SÅS

FÖRBEREDELSE: 15 minuter Grädda: 1 timme 15 minuter Stand: 45 minuter Gör: 6 till 8 portioner

DET HÄR ÄR ETT BRA RECEPT PÅSERVERAR EN FOLKMASSA PÅ EN BAKGÅRDSGRILL NÄR DU VILL GÖRA NÅGOT ANNAT ÄN HAMBURGARE. SERVERA DEN MED EN KRISPIG SALLAD, TILL EXEMPEL KRISPIG BROCCOLISALLAD (SE RECEPT) ELLER RAKAD BRYSSELKÅLSSALLAD (SE RECEPT).

1 hel kalkonbröst på 4 till 5 pund med ben
3 matskedar rökkrydda (se recept)
2 matskedar färsk citronsaft
3 msk olivolja
1 dl torrt vitt vin, som Sauvignon Blanc
1 kopp färska eller frysta osötade Bing-körsbär, urkärnade och hackade
⅓ kopp vatten
1 kopp BBQ-sås (se recept)

1. Låt kalkonbröstet stå i rumstemperatur i 30 minuter. Värm ugnen till 325°F. Lägg kalkonbröstet med skinnsidan uppåt på ett galler i en långpanna.

2. Kombinera Smoky Seasoning, citronsaft och olivolja i en liten skål för att göra en pasta. Lossa skinnet från köttet; bred försiktigt hälften av pastan på köttet under skinnet. Bred ut resten av pastan jämnt över huden. Häll vinet i botten av stekpannan.

3. Rosta i 1¼ till 1½ timme eller tills skalet är gyllenbrunt och en omedelbar termometer som sätts in i mitten av steken (vidrör inte benet) registrerar 170°F, vilket vrider

stekpannan halvvägs genom stektiden. Låt stå 15 till 30 minuter innan du skär.

4. Under tiden, för Cherry BBQ Sauce, kombinera körsbär och vatten i en medelstor kastrull. Koka upp; minska värmen. Sjud utan lock i 5 minuter. Rör ner BBQ-sås; sjuda i 5 minuter. Servera varm eller rumstemperatur med kalkonen.

VINBRÄSERAD KALKONFILÉ

FÖRBEREDELSE: 30 minuter tillagning: 35 minuter gör: 4 portioner

TILLAGNING AV DEN STEKTA KALKONENI EN KOMBINATION AV VIN, HACKADE ROMA TOMATER, KYCKLINGBULJONG, FÄRSKA ÖRTER OCH KROSSAD RÖD PAPRIKA GER DEN EN FANTASTISK SMAK. SERVERA DEN HÄR GRYTALIKNANDE RÄTTEN I GRUNDA SKÅLAR OCH MED STORA SKEDAR FÖR ATT FÅ LITE AV DEN SMAKRIKA BULJONGEN MED VARJE TUGGA.

2 8- till 12-ounce kalkonfiléer, skurna i 1-tums bitar

2 msk fågelkrydda utan tillsatt salt

2 msk olivolja

6 vitlöksklyftor, finhackad (1 matsked)

1 dl hackad lök

½ dl hackad selleri

6 romska tomater, kärnade och hackade (ca 3 dl)

½ kopp torrt vitt vin, som Sauvignon Blanc

½ kopp kycklingbensbuljong (se recept) eller kycklingbuljong utan salt

½ tsk finhackad färsk rosmarin

¼ till ½ tesked krossad röd paprika

½ kopp färska basilikablad, hackade

½ kopp hackad färsk persilja

1. I en stor skål, släng kalkonbitar med fågelkrydda för att täcka. Värm 1 matsked olivolja på medelvärme i en extra stor nonstick-panna. Koka kalkonen i omgångar i het olja tills den är brun på alla sidor. (Kalkon behöver inte vara genomstekt.) Lägg över på en tallrik och håll varmt.

2. Tillsätt den återstående 1 msk olivolja i pannan. Öka värmen till medelhög. Tillsätt vitlöken; koka och rör om i 1 minut. Tillsätt lök och selleri; koka och rör om i 5

minuter. Tillsätt kalkonen och eventuell saft från tallriken, tomater, vin, kycklingbensfond, rosmarin och krossad röd paprika. Sänk värmen till medel-låg. Täck över och koka i 20 minuter, rör om då och då. Tillsätt basilika och persilja. Avtäck och koka i 5 minuter till eller tills kalkonen inte längre är rosa.

PANSTEKT KALKONBRÖST MED GRÄSLÖKSSCAMPISÅS

FÖRBEREDELSE:30 minuter tillagning: 15 minuter gör: 4 portionerBILD

ATT SKÄRA KALKONFILÉERNA PÅ MITTENHORISONTELLT SÅ JÄMNT SOM MÖJLIGT, TRYCK NER VAR OCH EN LÄTT MED HANDFLATAN OCH UTÖVA ETT KONSEKVENT TRYCK NÄR DU SKÄR GENOM KÖTTET.

¼ kopp olivolja

2 8- till 12-ounce kalkonbröstfiléer, skurna på mitten horisontellt

¼ tsk nymalen svartpeppar

3 msk olivolja

4 vitlöksklyftor, fint hackade

8 uns skalade och deveinerade medelstora räkor, svansar borttagna och halverade på längden

¼ kopp torrt vitt vin, kycklingbensbuljong (serecept), eller kycklingbuljong utan salt

2 msk hackad färsk gräslök

½ tsk fint rivet citronskal

1 msk färsk citronsaft

Squashnudlar och tomater (serecept, nedan) (valfritt)

1. Värm 1 matsked olivolja i en extra stor panna på medelhög värme. Lägg kalkon i pannan; strö över peppar. Sänk värmen till medium. Grädda 12 till 15 minuter eller tills den inte längre är rosa och juicen blir klar (165°F), vänd en gång halvvägs genom tillagningen. Ta bort kalkonbiffar från pannan. Täck med folie för att hålla sig varm.

2. För såsen, värm de 3 msk olja i samma panna på medelhög värme. Tillsätt vitlök; koka i 30 sekunder. Rör i räkor; koka och rör om i 1 minut. Rör ner vin, gräslök och

citronskal; koka och rör om i 1 minut till eller tills räkorna är ogenomskinliga. Avlägsna från värme; rör ner citronsaft. För att servera, skeda sås över kalkonbiffar. Om så önskas, servera med zucchininudlar och tomater.

Squashnudlar och tomater: Använd en mandolin- eller julienneskalare och skär 2 gula sommarsquash i julienneremsor. Värm 1 msk extra virgin olivolja på medelhög värme i en stor panna. Lägg till squashremsor; koka i 2 minuter. Tillsätt 1 kopp delade druvtomater och ¼ tesked nymalen svartpeppar; koka i 2 minuter till eller tills squashen är knaprig.

BRÄSERADE KALKONBEN MED ROTFRUKTER

FÖRBEREDELSE:30 minuter tillagning: 1 timme 45 minuter gör: 4 portioner

DET HÄR ÄR EN AV DESSA RÄTTER DU VILL LAGA MAT EN KRISPIG HÖSTEFTERMIDDAG NÄR DU HINNER GÅ EN PROMENAD MEDAN DET PUTTRAR I UGNEN. OM TRÄNINGEN INTE GÖR DIG SUGEN KOMMER DEN UNDERBARA AROMEN NÄR DU GÅR IN GENOM DÖRREN SÄKERLIGEN ATT GÖRA DET.

3 msk olivolja

4 20- till 24-ounce kalkonben

½ tsk nymalen svartpeppar

6 vitlöksklyftor, skalade och krossade

1½ tsk fänkålsfrön, blåslagna

1 tsk hel kryddpeppar, blåslagen*

1½ dl kycklingbensbuljong (se recept) eller kycklingbuljong utan salt

2 kvistar färsk rosmarin

2 kvistar färsk timjan

1 lagerblad

2 stora lökar, skalade och skurna i 8 skivor vardera

6 stora morötter, skalade och skurna i 1-tums skivor

2 stora kålrot, skalade och skurna i 1-tums kuber

2 medelstora palsternacka, skalade och skurna i 1-tums skivor**

1 rotselleri, skalad och skuren i 1-tums bitar

1. Värm ugnen till 350°F. Hetta upp olivoljan på medelhög värme i en stor stekpanna tills den skimrar. Lägg till 2 av kalkonbenen. Grädda i ca. 8 minuter eller tills benen är gyllenbruna och krispiga på alla sidor, brynt jämnt. Överför kalkonben till en tallrik; upprepa med de återstående 2 kalkonbenen. Lägg åt sidan.

2. Tillsätt peppar, vitlök, fänkålsfrön och fänkålsfrön i grytan. Koka och rör om på medelvärme i 1 till 2 minuter eller tills det doftar. Rör ner kycklingbensbuljong, rosmarin, timjan och lagerblad. Koka upp, rör om för att skrapa upp brynta bitar från botten av pannan. Ta kastrullen från värmen och ställ åt sidan.

3. Kombinera lök, morötter, kålrot, palsternacka och rotselleri i en extra stor holländsk ugn med tättslutande lock. Tillsätt vätska från pannan; kasta till beläggning. Tryck ner kalkonben i grönsaksblandningen. Täck med ett lock.

4. Rosta i ca 1 timme och 45 minuter eller tills grönsakerna är mjuka och kalkonen är genomstekt. Servera kalkonlår och grönsaker i stora grunda skålar. Ringla saft från pannan över toppen.

*Tips: För att krossa kryddpeppar och fänkålsfrön, lägg fröna på en skärbräda. Använd den platta sidan av en kockkniv och tryck ner för att lätt krossa fröna.

**Tips: Skär upp eventuella stora bitar från toppen av palsternackan.

ÖRTKALKONKÖTTFÄRSLIMPA MED KARAMELLISERAD LÖKKETCHUP OCH STEKTA KÅLBITAR

FÖRBEREDELSE:15 minuter kokning: 30 minuter bakning: 1 timme 10 minuter stående: 5 minuter gör: 4 portioner

KLASSISK KÖTTFÄRSLIMPA MED KETCHUP ÄR DEFINITIVTPÅ PALEO-MENYN NÄR KETCHUPEN (SE<u>RECEPT</u>) ÄR FRI FRÅN SALT OCH TILLSATT SOCKER. HÄR BLANDAS KETCHUPEN MED KARAMELLISERAD LÖK SOM LÄGGS OVANPÅ KÖTTFÄRSLIMPAN INNAN STEKNING.

1½ pund mald kalkon

2 ägg, lätt vispade

½ kopp mandelmjöl

⅓ kopp hackad färsk persilja

¼ kopp tunt skivad salladslök (2)

1 msk hackad färsk salvia eller 1 tsk torkad salvia, krossad

1 msk hackad färsk timjan eller 1 tsk torkad timjan, krossad

¼ tesked svartpeppar

2 msk olivolja

2 söta lökar, halverade och tunt skivade

1 kopp Paleo Ketchup (se<u>recept</u>)

1 litet kålhuvud, halverat, urkärnat och skär i 8 skivor

½ till 1 tsk krossad röd paprika

1. Värm ugnen till 350°F. Klä en stor bakplåt med bakplåtspapper; lägga åt sidan. Kombinera mald kalkon, ägg, mandelmjöl, persilja, lök, salvia, timjan och svartpeppar i en stor skål. Forma kalkonblandningen till en 8×4-tums limpa i den förberedda bakformen. Grädda i 30 minuter.

2. Under tiden, för den karamelliserade lökketchupen, värm 1 msk olivolja i en stor stekpanna på medelvärme. Tillsätt lök; koka i ca. 5 minuter eller tills löken börjar få färg, rör om ofta. Sänk värmen till medel-låg; koka i ca. 25 minuter eller tills de är gyllene och mycket mjuka, rör om då och då. Avlägsna från värme; rör ner Paleo Ketchup.

3. Häll lite av den karamelliserade lökketchupen över kalkonbrödet. Lägg kålbitar runt brödet. Ringla kål med återstående 1 matsked olivolja; strö över krossad röd paprika. Grädda i ca. 40 minuter eller tills en termometer som satts in i mitten av brödet visar 165°F, toppa med extra karamelliserad lökketchup och vänd kålbitarna efter 20 minuter. Låt kalkonbrödet vila i 5 till 10 minuter innan du skivar det.

4. Servera kalkonbröd med kålbitar och eventuell kvarvarande karamelliserad lökketchup.

TURKIET POSOLE

FÖRBEREDELSE: 20 minuter gräddning: 8 minuter gräddning: 16 minuter gör: 4 portioner

TOPPINGS PÅ DENNA VÄRMANDE SOPPA I MEXIKANSK STIL ÄR MER ÄN GARNERING. KORIANDERN TILLFÖR EN DISTINKT SMAK, AVOKADO BIDRAR MED KRÄMIGHET – OCH ROSTADE PEPITAS GER EN HÄRLIG CRUNCH.

8 färska tomater
1¼ till 1½ pund mald kalkon
1 röd paprika, kärnad och skuren i tunna strimlor
½ kopp hackad lök (1 medium)
6 vitlöksklyftor, finhackad (1 matsked)
1 msk mexikansk krydda (se recept)
2 dl kycklingbensbuljong (se recept) eller kycklingbuljong utan salt
1 14,5-ounce burk utan salttillsatta eldrostade tomater, odränerade
1 jalapeño eller serrano chilipeppar, kärnad och hackad (se Tips)
1 medelstor avokado, halverad, skalad, kärnad och tunt skivad
¼ kopp osaltade pepitas, rostade (se Tips)
¼ kopp hackad färsk koriander
Limeklyftor

1. Förvärm broilern. Ta bort skalet från tomatillos och kassera. Tvätta tomaterna och skär i hälften. Placera tomatillohalvorna på det ouppvärmda gallret i en broilerpanna. Grädda 4 till 5 tum från värme i 8 till 10 minuter eller tills de är lätt förkolnade, vänd en gång halvvägs genom tillagningen. Kyl något i pannan på galler.

2. Koka under tiden kalkon, paprika och lök i en stor stekpanna på medelhög värme i 5 till 10 minuter eller tills kalkonen är brynt och grönsakerna är mjuka, rör om med

en träslev för att bryta upp köttet medan det tillagas. Häll av fett om det behövs. Tillsätt vitlök och mexikansk krydda. Koka och rör om i 1 minut till.

3. Kombinera cirka två tredjedelar av de förkolnade tomaterna och 1 kopp kycklingbensbuljong i en mixer. Täck över och blanda tills det är slätt. Tillsätt kalkonblandningen i pannan. Rör i återstående 1 dl kycklingbensbuljong, odränerade tomater och chilipeppar. Grovhacka resterande tomatillos; lägg till kalkonblandningen. Koka upp; minska värmen. Täck över och låt sjuda i 10 minuter.

4. För att servera, häll soppan i grunda serveringsskålar. Toppa med avokado, pepitas och koriander. Ha limeskivor att pressa över soppan.

KYCKLINGBENSBULJONG

FÖRBEREDELSE: 15 minuter Stekt: 30 minuter Koka: 4 timmar Kylning: över natten Gör: ca 10 koppar

FÖR DEN FRÄSCHASTE, BÄSTA SMAKEN – OCH HÖGSTNÄRINGSINNEHÅLL – ANVÄND HEMGJORD KYCKLINGFOND I DINA RECEPT. (DEN INNEHÅLLER INTE HELLER SALT, KONSERVERINGSMEDEL ELLER TILLSATSER.) ATT ROSTA BENEN INNAN DET KOKAR FÖRBÄTTRAR SMAKEN. NÄR DE LÅNGSAMT KOKAR I VÄTSKA, INFUNDERAR BENEN BULJONGEN MED MINERALER SOM KALCIUM, FOSFOR, MAGNESIUM OCH KALIUM. SLOW COOKER-VARIANTEN NEDAN GÖR DET EXTRA ENKELT ATT GÖRA. FRYS IN DEN I 2- OCH 4-KOPPSBEHÅLLARE OCH TINA BARA UPP DET DU BEHÖVER.

- 2 pund kycklingvingar och baksida
- 4 morötter, hackade
- 2 stora purjolökar, endast vita och ljusgröna delar, tunt skivade
- 2 stjälkar selleri med blad, grovt hackade
- 1 palsternacka, grovt hackad
- 6 stora kvistar italiensk (plattbladig) persilja
- 6 kvistar färsk timjan
- 4 vitlöksklyftor, halverade
- 2 tsk hela svartpepparkorn
- 2 hela kryddnejlika
- Kallt vatten

1. Värm ugnen till 425°F. Ordna kycklingvingar och baksidor på en stor bakplåt; grädda i 30 till 35 minuter eller tills de fått fin färg.

2. Lägg över brynta kycklingbitar och eventuella brynta bitar som samlats på bakplåten till en stor gryta. Tillsätt

morötter, purjolök, selleri, palsternacka, persilja, timjan, vitlök, pepparkorn och kryddnejlika. Tillsätt tillräckligt med kallt vatten (ca 12 koppar) i en stor gryta för att täcka kyckling och grönsaker. Låt sjuda på medelvärme; Justera värmen för att hålla buljongen på en mycket låg sjud, med bubblor som bara bryter ytan. Täck och låt sjuda i 4 timmar.

3. Sila varm buljong genom ett stort durkslag täckt med två lager fuktig ostduk av 100 % bomull. Kassera fasta ämnen. Täck med buljong och kyl över natten. Innan du använder, skumma bort fettlagret från toppen av buljongen och kassera.

Tips: För att göra fond (valfritt), kombinera 1 äggvita, 1 krossat äggskal och ¼ kopp kallt vatten i en liten skål. Rör ner blandningen i den silade fonden i grytan. Tillbaka till matlagningen. Avlägsna från värme; låt stå i 5 minuter. Sila den heta buljongen genom ett durkslag fodrat med ett fräscht dubbelt lager ostduk av 100 % bomull. Kyl och skumma bort fett före användning.

Slow Cooker-instruktioner: Förbered enligt anvisningarna, förutom i steg 2, placera ingredienserna i en 5- till 6-quarts slow cooker. Täck över och koka på låg värme i 12 till 14 timmar. Fortsätt enligt anvisningarna i steg 3. Gör cirka 10 koppar.

GRÖN HARISSA LAX

FÖRBEREDELSE: 25 minuter stekning: 10 minuter grillning: 8 minuter gör: 4 portioner BILD

EN VANLIG GRÖNSAKSSKALARE ANVÄNDSATT RAKA FÄRSK RÅ SPARRIS TILL TUNNA BAND TILL SALLADEN. KASTAS MED LJUS CITRUSVINÄGRETT (SE RECEPT) OCH TOPPAT MED RÖKIGA ROSTADE SOLROSFRÖN, DET ÄR ETT UPPFRISKANDE TILLBEHÖR TILL LAXEN OCH DEN KRYDDIGA GRÖNA ÖRTSÅSEN.

LAX
4 6- till 8-ounce färska eller frysta laxfiléer utan skinn, cirka 1 tum tjocka

Olivolja

HARISSA
1½ tsk spiskummin

1½ tsk korianderfrön

1 dl tätt packade färska bladpersilja

1 kopp grovt hackad färsk koriander (blad och stjälkar)

2 jalapeños, kärnade och grovt hackade (se Tips)

1 salladslök, hackad

2 vitlöksklyftor

1 tsk fint rivet citronskal

2 matskedar färsk citronsaft

⅓ kopp olivolja

KRYDDADE SOLROSFRÖN
⅓ kopp råa solrosfrön

1 tsk olivolja

1 tsk rökkrydda (se recept)

SALLAD
12 stora sparrisspjut, putsade (ca 1 pund)

⅓ kopp Bright Citrus Vinaigrette (se recept)

1. Tina fisk, om den är fryst; torka med hushållspapper. Pensla båda sidor av fisken lätt med olivolja. Lägg åt sidan.

2. För harissan, rosta spiskummin och korianderfrön i en liten panna på medelhög värme i 3 till 4 minuter eller tills de är lätt rostade och doftar. Kombinera rostad spiskummin och korianderfrön, persilja, koriander, jalapeños, salladslök, vitlök, citronskal, citronsaft och olivolja i en matberedare. Bearbeta tills den är slät. Lägg åt sidan.

3. För kryddade solrosfrön, förvärm ugnen till 300°F. Klä en bakplåt med bakplåtspapper; lägga åt sidan. Kombinera solrosfrön och 1 tsk olivolja i en liten skål. Strö Smoky Seasoning över fröna; rör om för att täcka. Fördela solrosfröna jämnt på bakplåtspappret. Grädda i cirka 10 minuter eller tills de är lätt rostade.

4. För en kol- eller gasolgrill, lägg laxen på ett smord grillgaller direkt på medelvärme. Täck över och grilla i 8 till 12 minuter eller tills fisken börjar flagna när den testas med en gaffel, vänd en gång halvvägs genom grillningen.

5. Under tiden, för sallad, använd en grönsaksskalare, raka sparrisspjuten till långa tunna band. Överför till ett fat eller medium skål. (Spetsarna kommer att lossna när spetten tunnas; lägg på fat eller skål.) Ringla Bright Citrus Vinaigrette över rakade spett. Strö över kryddade solrosfrön.

6. För att servera, lägg en filé på var och en av fyra tallrikar; häll lite av den gröna harissan på varje filé. Servera med rakad sparrissallad.

GRILLAD LAX MED MARINERAD KRONÄRTSKOCKSHJÄRTASALLAD

FÖRBEREDELSE: 20 minuter grill: 12 minuter gör: 4 portioner

OFTA DE BÄSTA VERKTYGEN FÖR ATT KASTA EN SALLAD ÄR DINA HÄNDER. ATT INFÖRLIVA DEN MÖRA SALLADEN OCH DE GRILLADE KRONÄRTSKOCKORNA I DENNA SALLAD GÖRS BÄST MED RENA HÄNDER.

4 6-ounce färska eller frysta laxfiléer
1 9-ounce paket frysta kronärtskockshjärtan, tinade och avrunna
5 matskedar olivolja
2 msk hackad schalottenlök
1 msk fint rivet citronskal
¼ kopp färsk citronsaft
3 msk hackad färsk oregano
½ tsk nymalen svartpeppar
1 msk medelhavskryddor (se recept)
1 5-ounce paket blandad babysallad

1. Tina fisk, om den är fryst. skölj fisk; torka med hushållspapper. Ställ fisken åt sidan.

2. I en medelstor skål, släng kronärtskockshjärtan med 2 matskedar olivolja; lägga åt sidan. Kombinera 2 matskedar olivolja, schalottenlök, citronskal, citronsaft och oregano i en stor skål; lägga åt sidan.

3. För en kol- eller gasgrill, lägg kronärtskockshjärtan i en grillkorg och grilla direkt på medelhög värme. Täck och grilla i 6 till 8 minuter eller tills de är fint förkolnade och genomvärmda, rör om ofta. Ta bort kronärtskockorna från grillen. Låt svalna i 5 minuter, tillsätt sedan

kronärtskockorna i schalottenlöksblandningen. Krydda med peppar; kasta till beläggning. Lägg åt sidan.

4. Pensla laxen med den återstående 1 msk olivolja; strö över medelhavskryddan. Lägg laxen på grillgallret med den kryddade sidan nedåt direkt på medelhög värme. Täck över och grilla i 6 till 8 minuter eller tills fisken börjar flagna när den testas med en gaffel, vänd försiktigt en gång halvvägs genom grillningen.

5. Lägg sallad i skål med marinerade kronärtskockor; kasta försiktigt för att täcka. Servera sallad med grillad lax.

BLIXTSTEKT CHILI-SALVIA LAX MED GRÖN TOMATSALSA

FÖRBEREDELSE:35 minuter kylning: 2 till 4 timmar bakning: 10 minuter ger: 4 portioner

"FLASH-ROASTING" SYFTAR PÅ TEKNIKENFÖR ATT VÄRMA EN TORR STEKPANNA I UGNEN PÅ HÖG TEMPERATUR, TILLSÄTT LITE OLJA OCH FISKEN, KYCKLINGEN ELLER KÖTTET (DET FRÄSER!), AVSLUTA SEDAN RÄTTEN I UGNEN. SNABBSTEKNING MINSKAR TILLAGNINGSTIDEN OCH SKAPAR EN LÄCKER, KRISPIG SKORPA PÅ UTSIDAN – OCH EN SAFTIG, SMAKRIK INREDNING.

LAX

- 4 5- till 6-ounce färska eller frysta laxfiléer
- 3 msk olivolja
- ¼ kopp finhackad lök
- 2 vitlöksklyftor, skalade och skivade
- 1 msk mald koriander
- 1 tsk malen spiskummin
- 2 tsk söt paprika
- 1 tsk torkad oregano, krossad
- ¼ tsk cayennepeppar
- ⅓ kopp färsk limejuice
- 1 msk hackad färsk salvia

GRÖN TOMATSALSA

- 1½ dl tärnade fasta gröna tomater
- ⅓ kopp finhackad rödlök
- 2 msk hackad färsk koriander
- 1 jalapeño, kärnad och hackad (se Tips)
- 1 vitlöksklyfta, finhackad
- ½ tsk malen spiskummin
- ¼ tsk chilipulver

2 till 3 matskedar färsk limejuice

1. Tina fisk, om den är fryst. skölj fisk; torka med hushållspapper. Ställ fisken åt sidan.

2. För chili-salviapasta, kombinera 1 msk olivolja, lök och vitlök i en liten kastrull. Koka på låg värme i 1 till 2 minuter eller tills det doftar. Rör ner koriander och spiskummin; koka och rör om i 1 minut. Rör ner paprika, oregano och cayennepeppar; koka och rör om i 1 minut. Tillsätt limejuice och salvia; koka och rör om cirka 3 minuter eller bara tills en slät pasta bildas; Häftigt.

3. Belägg filéernas båda sidor med fingrarna med chili-salviapasta. Placera fisken i ett glas eller icke-reaktiv skål; täck tätt med plastfolie. Kyl i 2 till 4 timmar.

4. Under tiden, för salsa, kombinera tomater, lök, koriander, jalapeño, vitlök, spiskummin och chilipulver i en medelstor skål. Rör om väl för att blanda. Ringla över limejuice; kasta till beläggning.

4. Använd en gummispatel och skrapa så mycket pasta du kan av laxen. Kasta pastan.

5. Sätt in en extra stor gjutjärnsgryta i ugnen. Sätt ugnen på 500°F. Värm ugnen med en stekpanna i.

6. Ta ut den varma pannan ur ugnen. Häll 1 matsked olivolja i pannan. Tippa pannan så att den täcker botten av pannan med olja. Lägg filéerna i pannan med skinnsidan nedåt. Pensla toppen av filéerna med resterande 1 msk olivolja.

7. Grädda laxen i ca 10 minuter eller tills fisken börjar flagna när den testas med en gaffel. Servera fisk med salsa.

STEKT LAX OCH SPARRIS EN PAPILLOTE MED CITRON-HASSELNÖTSPESTO

FÖRBEREDELSE: 20 minuter bakning: 17 minuter gör: 4 portioner

ATT LAGA "EN PAPILLOTE" BETYDER HELT ENKELT MATLAGNING PÅ PAPPER. DET ÄR ETT VACKERT SÄTT ATT LAGA MAT AV MÅNGA ANLEDNINGAR. FISKEN OCH GRÖNSAKERNA ÅNGAR INUTI PERGAMENTFÖRPACKNINGEN OCH FÖRSLUTER JUICE, SMAK OCH NÄRINGSÄMNEN – OCH DET FINNS INGA KASTRULLER OCH STEKPANNOR ATT DISKA EFTERÅT.

4 6-ounce färska eller frysta laxfiléer
1 dl lättpackade färska basilikablad
1 dl lättpackade färska bladpersilja
½ kopp hasselnötter, rostade*
5 matskedar olivolja
1 tsk fint rivet citronskal
2 matskedar färsk citronsaft
1 vitlöksklyfta, finhackad
1 pund mager sparris, putsad
4 msk torrt vitt vin

1. Tina lax, om den är fryst. skölj fisk; torka med hushållspapper. Värm ugnen till 400°F.

2. Till peston, blanda basilika, persilja, hasselnötter, olivolja, citronskal, citronsaft och vitlök i en mixer eller matberedare. Täck och blanda eller bearbeta tills det är slätt; lägga åt sidan.

3. Skär fyra 12-tums fyrkanter av bakplåtspapper. För varje paket, lägg en laxfilé i mitten av en pergamentruta. Toppa med en fjärdedel av sparrisen och 2 till 3 matskedar pesto; ringla över 1 msk vin. Ta upp två motsatta sidor av bakplåtspappret och vik över fisken flera gånger. Vik ändarna av pergamentet för att försegla. Upprepa för att göra ytterligare tre paket.

4. Grädda i 17 till 19 minuter eller tills fisken börjar flagna när den testas med en gaffel (öppna försiktigt förpackningen för att kontrollera om den är klar).

*Tips: För att rosta hasselnötter, förvärm ugnen till 350°F. Bred ut nötter i ett enda lager i en ytlig stekpanna. Grädda i 8 till 10 minuter eller tills lätt rostat, rör om en gång för att rosta jämnt. Kyl nötterna något. Lägg varma nötter på en ren kökshandduk; gnugga med handduken för att ta bort de lösa skinnen.

KRYDDGNIDAD LAX MED SVAMP-ÄPPELMOS

BÖRJA TILL SLUT:40 minuter gör: 4 portioner

HELA DEN HÄR LAXFILÉNTOPPAD MED EN BLANDNING AV SAUTERADE SVAMPAR, SCHALOTTENLÖK, RÖDSKALLIGA ÄPPELSKIVOR – OCH SERVERAD PÅ EN BÄDD AV LJUSGRÖN SPENAT – BLIR EN IMPONERANDE RÄTT ATT SERVERA TILL GÄSTERNA.

1 1½ pund färska eller frysta hela laxfiléer, skinn på
1 tsk fänkålsfrön, finkrossade*
½ tesked torkad salvia, krossad
½ tsk mald koriander
¼ tsk torr senap
¼ tesked svartpeppar
2 msk olivolja
1½ dl färska cremini-svampar, i fjärdedelar
1 medelstor schalottenlök, mycket tunt skivad
1 litet kokt äpple, i fjärdedelar, urkärnat och tunt skivat
¼ kopp torrt vitt vin
4 dl färsk spenat
Små kvistar färsk salvia (valfritt)

1. Tina lax, om den är fryst. Värm ugnen till 425°F. Klä en stor bakplåt med bakplåtspapper; lägga åt sidan. skölj fisk; torka med hushållspapper. Lägg laxen med skinnsidan nedåt på den förberedda bakplåten. Blanda fänkålsfrön, ½ tsk torkad salvia, koriander, senap och peppar i en liten skål. Strö jämnt över laxen; gnugga in med fingrarna.

2. Mät tjockleken på fisken. Stek laxen i 4 till 6 minuter per ½ tums tjocklek eller tills fisken börjar flagna när den testas med en gaffel.

3. Under tiden, för pannsås, värm olivolja i en stor panna på medelvärme. Tillsätt svamp och schalottenlök; koka 6 till 8 minuter eller tills svamparna är mjuka och börjar få färg, rör om då och då. Lägg till äpple; täck och koka och rör om i ytterligare 4 minuter. Tillsätt vin försiktigt. Koka utan lock i 2 till 3 minuter eller tills äppelskivorna är precis mjuka. Använd en hålslev och överför svampblandningen till medelstor skål; täck för att hålla värmen.

4. Koka spenaten i samma panna i 1 minut eller tills spenaten knappt vissnat under konstant omrörning. Dela spenaten mellan fyra serveringsfat. Skär laxfilén i fyra lika stora delar, skär till, men inte genom, skalet. Använd en stor spatel för att lyfta laxportioner från huden; lägg en del lax på spenat på varje tallrik. Häll svampblandningen jämnt över laxen. Om så önskas, garnera med färsk salvia.

*Tips: Använd en mortelstöt eller kryddkvarn för att finkrossa fänkålsfröna.

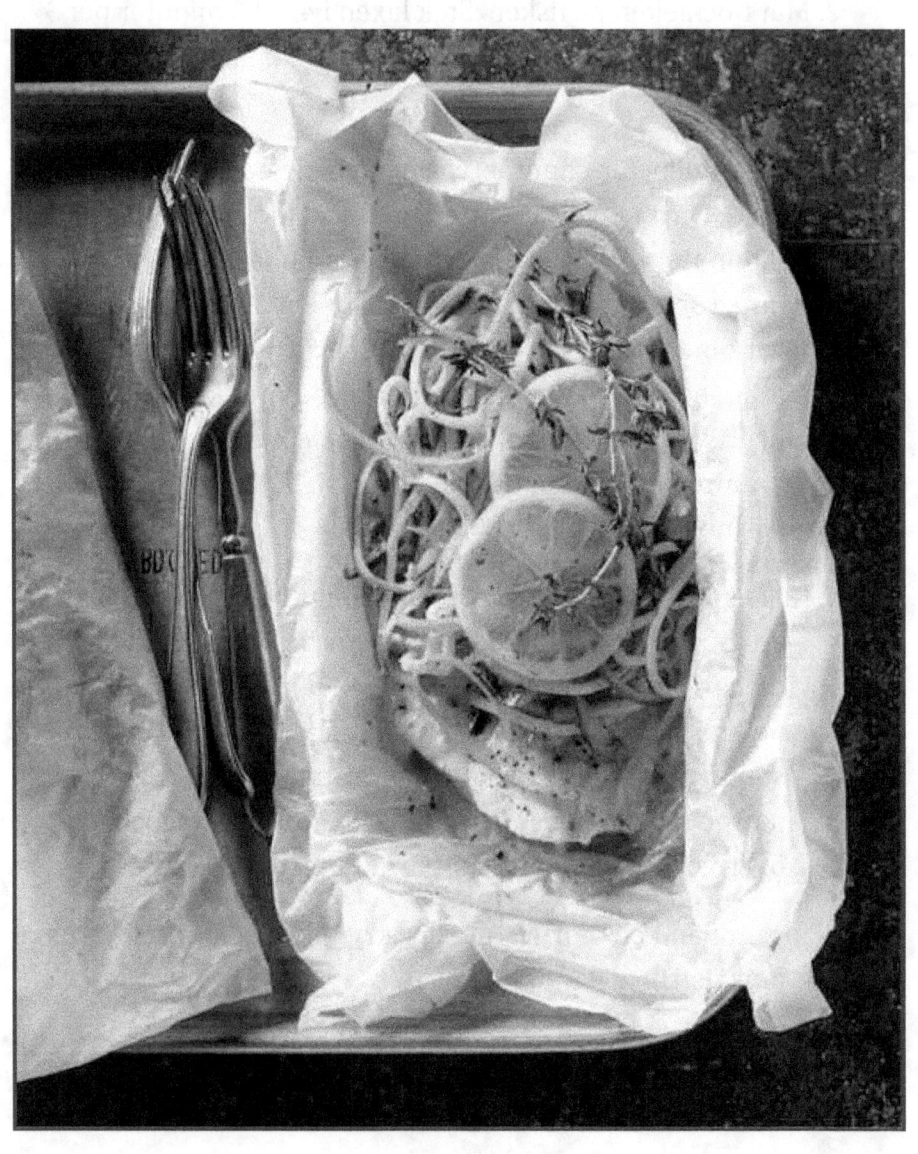

SOLE EN PAPILLOTE MED JULIENNE GRÖNSAKER

FÖRBEREDELSE:30 minuter rostning: 12 minuter gör: 4 portionerBILD

DU KAN SÄKERT JULIENNE GRÖNSAKERMED EN BRA VASS KOCKKNIV, MEN DET ÄR VÄLDIGT TIDSKRÄVANDE. EN JULIENNESKALARE (SE"UTRUSTNING") GÖR DET SNABBT ATT SKAPA LÅNGA, TUNNA, KONSEKVENT FORMADE REMSOR AV GRÖNSAKER.

4 6-ounce färsk eller fryst tunga, flundra eller andra fasta vita fiskfiléer

1 zucchini, skuren julienne

1 stor morot, finhackad

½ av en rödlök, skuren i julienne

2 romska tomater, kärnade och finhackade

2 vitlöksklyftor, fint hackade

1 msk olivolja

½ tsk svartpeppar

1 citron, skär i 8 tunna skivor, kärnorna borttagna

8 kvistar färsk timjan

4 tsk olivolja

¼ kopp torrt vitt vin

1. Tina fisk, om den är fryst. Värm ugnen till 375°F. Blanda squash, morot, lök, tomater och vitlök i en stor skål. Tillsätt 1 matsked olivolja och ¼ tesked av paprikan; blanda väl för att kombinera. Ställ grönsakerna åt sidan.

2. Skär fyra 14-tums fyrkanter av bakplåtspapper. skölj fisk; torka med hushållspapper. Lägg en filé i mitten av varje ruta. Strö över den återstående ¼ tsk peppar. Lägg grönsaker, citronskivor och timjankvistar ovanpå filéerna,

dela jämnt. Ringla över varje bunt med 1 tsk olivolja och 1 msk vitt vin.

3. Arbeta med ett paket i taget, plocka upp två motsatta sidor av bakplåtspappret och vik flera gånger över fisken. Vik ändarna av pergamentet för att försegla.

4. Ordna paket på en stor bakplåt. Grädda i ca. 12 minuter eller tills fisken börjar flagna när den testas med en gaffel (öppna paketet försiktigt för att kontrollera om det är färdigt).

5. För att servera, lägg varje paket på en tallrik; öppna förpackningarna försiktigt.

RUCCOLA PESTO FISH TACOS MED SMOKY LIME CREAM

FÖRBEREDELSE: 30 minuter Grillning: 4 till 6 minuter per ½ tums tjocklek Gör: 6 portioner

DU KAN BYTA UT TORSK MOT TUNGA- BARA INTE TILAPIA. TYVÄRR ÄR TILAPIA ETT AV DE SÄMSTA VALEN FÖR FISK. DEN ÄR NÄSTAN ALLMÄNT UPPFÖDD PÅ GÅRDEN OCH OFTA UNDER FRUKTANSVÄRDA FÖRHÅLLANDEN - SÅ ÄVEN OM TILAPIA ÄR NÄSTAN ALLESTÄDES NÄRVARANDE, BÖR DEN UNDVIKAS.

4 4- till 5-ounce färska eller frysta tunga filéer, cirka ½ tum tjocka

1 recept Arugula Pesto (se recept)

½ dl cashewkräm (se recept)

1 tsk rökkrydda (se recept)

½ tsk finrivet limeskal

12 smörhuvudssalladsblad

1 mogen avokado, halverad, kärnad, skalad och tunt skivad

1 dl hackad tomat

¼ kopp hackad färsk koriander

1 lime, tärnad

1. Tina fisk, om den är fryst. skölj fisk; torka med hushållspapper. Ställ fisken åt sidan.

2. Gnid in lite av rucolapeston på båda sidor av fisken.

3. För en kol- eller gasgrill, lägg fisken på ett smord galler direkt på medelvärme. Täck över och grilla i 4 till 6 minuter eller tills fisken flagnar när den testas med en gaffel, vänd en gång halvvägs genom grillningen.

4. Under tiden, för Smoky Lime Cream, rör ihop Cashew Cream, Smoky Seasoning och limeskal i en liten skål.

5. Skär fisken i bitar med en gaffel. Fyll smörhuvudsbladen med fisk, avokadoskivor och tomat; strö över koriander. Ringla tacos med Smoky Lime Cream. Servera med limeklyftor att pressa över tacos.

MANDELSKORPA SULA

FÖRBEREDELSE: 15 minuter tillagning: 3 minuter gör: 2 portioner

BARA LITE MANDELMJÖLSKAPAR EN FIN SKORPA PÅ DENNA EXTREMT SNABBA PANNSTEKTA FISK SOM SERVERAS MED KRÄMIG DILLAD MAJONNÄS OCH EN KLÄM FÄRSK CITRON.

12 gram färska eller frysta tungafiléer
1 msk citron-örtkrydda (se recept)
¼ till ½ tesked svartpeppar
⅓ kopp mandelmjöl
2 till 3 matskedar olivolja
¼ kopp Paleo Mayo (se recept)
1 tsk hackad färsk dill
Citronskivor

1. Tina fisk, om den är fryst. skölj fisk; torka med hushållspapper. I en liten skål, rör ihop citron-örtkrydda och peppar. Belägg båda sidor av filéerna med kryddblandning, tryck lätt för att fästa. Bred ut mandelmjöl på en stor tallrik. Pudra ena sidan av varje filé i mandelmjölet, tryck lätt för att fästa.

2. Värm tillräckligt med olja i en stor stekpanna för att täcka pannan på medelhög värme. Lägg till fisk, belagda sidorna nedåt. Koka i 2 minuter. Vänd fisken försiktigt; koka ca 1 minut till eller tills fisken börjar flagna när den testas med en gaffel.

3. För sås, rör ihop Paleo Mayo och dill i en liten skål. Servera fisken med sås och citronklyftor.

GRILLADE TORSK- OCH ZUCCHINIPAKET MED KRYDDIG MANGOBASILIKASÅS

FÖRBEREDELSE: 20 minuter grill: 6 minuter gör: 4 portioner

1 till 1½ pund färsk eller fryst torsk, ½ till 1 tum tjock
4 24 tum långa bitar av 12 tum bred folie
1 medelstor zucchini, skuren i julienneremsor
Citron-ört krydda (se recept)
¼ kopp Chipotle Paleo Mayo (se recept)
1 till 2 matskedar mosad mogen mango*
1 msk färsk lime- eller citronjuice eller risvinäger
2 msk hackad färsk basilika

1. Tina fisk, om den är fryst. skölj fisk; torka med hushållspapper. Skär fisken i fyra portionsstorlekar.

2. Vik varje bit folie på mitten för att göra en dubbel tjock 12-tums fyrkant. Placera en del fisk i mitten av en folieruta. Toppa med en fjärdedel av zucchinin. Strö över citron-örtkrydda. Ta upp två motsatta sidor av folien och vik flera gånger över zucchinin och fisken. Vik ändarna av folien. Upprepa för att göra ytterligare tre paket. För sås, rör ihop Chipotle Paleo Mayo, mango, limejuice och basilika i en liten skål; lägga åt sidan.

3. För en kolgrill eller gasolgrill, lägg paket på det oljade grillgallret direkt på medelvärme. Täck över och grilla i 6 till 9 minuter eller tills fisken flagnar när den testas med en gaffel och zucchini är knaprig (öppna försiktigt förpackningen för att testa om den är klar). Vänd inte på paket under grillning. Toppa varje portion med sås.

*Tips: För mangopuré, kombinera ¼ kopp hackad mango och 1 msk vatten i en mixer. Täck över och blanda tills det är slätt. Tillsätt eventuell överbliven purerad mango till en smoothie.

RIESLINGPOCHERAD TORSK MED PESTOFYLLDA TOMATER

FÖRBEREDELSE: 30 minuter tillagning: 10 minuter gör: 4 portioner

1 till 1½ pund färska eller frysta torskfiléer, cirka 1 tum tjocka

4 romska tomater

3 msk basilikapesto (se recept)

¼ tesked krossad svartpeppar

1 dl torr Riesling eller Sauvignon Blanc

1 kvist färsk timjan eller ½ tsk torkad timjan, krossad

1 lagerblad

½ kopp vatten

2 msk hackad gräslök

Citronskivor

1. Tina fisk, om den är fryst. Skär tomaterna på mitten horisontellt. Skrapa ur fröna och lite av köttet. (Om det behövs för att tomaten ska sitta platt, skär en mycket tunn skiva av änden, var noga med att inte göra ett hål i botten av tomaten.) Häll lite pesto i varje tomathalva; strö över knäckt peppar; lägga åt sidan.

2. Skölj fisk; torka med hushållspapper. Skär fisken i fyra bitar. Lägg en ångkorg i en stor gryta med tättslutande lock. Tillsätt cirka ½ tum vatten i pannan. Koka upp; minska värmen till medium. Lägg tomaterna, med de skurna sidorna uppåt, i korgen. Täck över och ånga i 2 till 3 minuter eller tills den är genomvärmd.

3. Ta upp tomaterna på en tallrik; täck för att hålla värmen. Ta bort ångbåtskorgen från pannan; kasta vatten. Tillsätt vin, timjan, lagerblad och ½ dl vatten i pannan. Koka upp; minska värmen till medel-låg. Tillsätt fisk och lök. Sjud

under lock i 8 till 10 minuter eller tills fisken börjar flagna när den testas med en gaffel.

4. Ringla över fisken med lite av pocheringsvätskan. Servera fisken med pestofyllda tomater och citronklyftor.

STEKT PISTAGE-KORIANDER-SKORPOR TORSK ÖVER KROSSAD SÖTPOTATIS

FÖRBEREDELSE: 20 minuter Koka: 10 minuter Grädda: 4 till 6 minuter per ½ tums tjocklek Gör: 4 portioner

- 1 till 1½ pund färsk eller fryst torsk
- Olivolja eller raffinerad kokosolja
- 2 msk malda pistagenötter, pekannötter eller mandel
- 1 äggvita
- ½ tsk fint rivet citronskal
- 1½ pund sötpotatis, skalad och skuren i bitar
- 2 vitlöksklyftor
- 1 msk kokosolja
- 1 msk riven färsk ingefära
- ½ tsk malen spiskummin
- ¼ kopp kokosmjölk (som Nature's Way)
- 4 tsk korianderpesto eller basilikapesto (se recept)

1. Tina fisk, om den är fryst. Förvärm broiler. Oljeställ på en broilerpanna. Kombinera malda nötter, äggvita och citronskal i en liten skål; lägga åt sidan.

2. För den krossade sötpotatisen, koka sötpotatis och vitlök i en medelstor kastrull i tillräckligt med kokande vatten för att täcka i 10 till 15 minuter eller tills de är mjuka. Dränering; lägg tillbaka sötpotatisen och vitlöken i kastrullen. Mosa sötpotatis med en potatisstöt. Rör ner 1 msk kokosolja, ingefära och spiskummin. Mosa i kokosmjölk tills det är ljust och luftigt.

3. Skölj fisk; torka med hushållspapper. Skär fisken i fyra bitar och lägg på det förberedda ouppvärmda gallret i en

broilerpanna. Stick in under eventuella tunna kanter. Bred varje tugga med Cilantro Pesto. Häll nötblandningen på peston och bred ut försiktigt. Stek fisken 4 tum från värmen i 4 till 6 minuter per ½ tums tjocklek eller tills fisken börjar flagna när den testas med en gaffel, täck med folie under tillagningen om beläggningen börjar brinna. Servera fisk med sötpotatis.

ROSMARIN OCH MANDARIN TORSK MED ROSTAD BROCCOLI

FÖRBEREDELSE: 15 minuter Marinering: upp till 30 minuter Bakning: 12 minuter Gör: 4 portioner

- 1 till 1½ pund färsk eller fryst torsk
- 1 tsk fint rivet mandarinskal
- ½ kopp färsk mandarin eller apelsinjuice
- 4 msk olivolja
- 2 tsk hackad färsk rosmarin
- ¼ till ½ tesked krossad svartpeppar
- 1 tsk fint rivet mandarinskal
- 3 dl broccolibuktor
- ¼ tsk krossad röd paprika
- Mandarinskivor, frön borttagna

1. Värm ugnen till 450°F. Tina fisken om den är fryst. skölj fisk; torka med hushållspapper. Skär fisken i fyra portionsstorlekar. Mät tjockleken på fisken. Blanda mandarinskal, mandarinjuice, 2 msk olivolja, rosmarin och svartpeppar i en grund form. tillsätt fisk. Täck över och marinera i kylen i upp till 30 minuter.

2. Blanda broccolin med de återstående 2 msk olivolja och den krossade röda paprikan i en stor skål. Lägg i en 2 liters ugnsfast form.

3. Pensla en grund stekpanna lätt med extra olivolja. Låt fisken rinna av, behåll marinaden. Lägg fisken i pannan, stoppa in under eventuella tunna kanter. Sätt in fisken och broccolin i ugnen. Rosta broccolin i 12 till 15 minuter eller tills den är knaprig, rör om en gång halvvägs genom tillagningen. Stek fisken i 4 till 6 minuter per ½-tums

tjocklek av fisken eller tills fisken börjar flagna när den testas med en gaffel.

4. Koka upp den reserverade marinaden i en liten kastrull; koka i 2 minuter. Ringla marinaden över den kokta fisken. Servera fisken med broccoli och mandarinskivor.

CURRYTORSKSALLAD WRAPS MED INLAGDA RÄDISOR

FÖRBEREDELSE: 20 minuter stående: 20 minuter tillagning: 6 minuter gör: 4 portionerBILD

1 pund färska eller frysta torskfiléer
6 rädisor, grovt strimlade
6 till 7 matskedar cidervinäger
½ tsk krossad röd paprika
2 msk oraffinerad kokosolja
¼ kopp mandelsmör
1 vitlöksklyfta, finhackad
2 tsk finriven ingefära
2 msk olivolja
1½ till 2 tsk currypulver utan tillsatt salt
4 till 8 smörhuvudssalladsblad eller bladsallatsblad
1 röd paprika, skuren i julienneremsor
2 msk hackad färsk koriander

1. Tina fisk, om den är fryst. Kombinera rädisor, 4 matskedar vinäger och ¼ tesked krossad röd paprika i en medelstor skål; låt stå i 20 minuter, rör om då och då.

2. För mandelsmörsåsen, i en liten kastrull, smält kokosolja på låg värme. Rör ner mandelsmöret tills det är slätt. Rör ner vitlök, ingefära och resterande ¼ tesked krossad röd paprika. Avlägsna från värme. Tillsätt återstående 2 till 3 matskedar cidervinäger, rör om tills det är slätt; lägga åt sidan. (Såsen kommer att tjockna något när vinäger tillsätts.)

3. Skölj fisk; torka med hushållspapper. Hetta upp olivolja och curry i en stor panna på medelvärme. Lägg till fisk; koka i 3 till 6 minuter eller tills fisken börjar flagna när den

testas med en gaffel, vänd en gång halvvägs genom tillagningen. Använd två gafflar och flinga fisken grovt.

4. Dränera rädisor; kassera marinaden. Häll lite av fisken, paprikastrimlorna, rädisblandningen och mandelsmörsåsen i varje salladsblad. Strö över koriander. Linda bladet runt fyllningen. Om så önskas, säkra locket med trätandpetare.

STEKT KOLJA MED CITRON OCH FÄNKÅL

FÖRBEREDELSE: 25 minuter bakning: 50 minuter gör: 4 portioner

ALLA HAR KOLJA, SEJ OCH TORSKMILT SMAKSATT FAST VITT KÖTT. DE ÄR UTBYTBARA I DE FLESTA RECEPT, INKLUSIVE DENNA ENKLA MATRÄTT MED BAKAD FISK OCH GRÖNSAKER MED ÖRTER OCH VIN.

4 6-ounce färsk eller fryst kolja, sej eller torskfiléer, cirka ½ tum tjocka
1 stor fänkålslök, urkärnad och skivad, blad reserverade och hackade
4 medelstora morötter, halverade vertikalt och skurna i 2- till 3-tums bitar
1 rödlök, halverad och skivad
2 vitlöksklyftor, fint hackade
1 citron, tunt skivad
3 msk olivolja
½ tsk svartpeppar
¾ kopp torrt vitt vin
2 msk finhackad färsk persilja
2 msk hackade färska fänkålsblad
2 tsk fint rivet citronskal

1. Tina fisk, om den är fryst. Värm ugnen till 400°F. Kombinera fänkål, morötter, lök, vitlök och citronklyftor i en 3-liters rektangulär ugnsform. Ringla över 2 msk olivolja och strö över ¼ tesked peppar; kasta till beläggning. Häll vin i fatet. Täck skålen med folie.

2. Grädda i 20 minuter. avslöja; rör ner grönsaksblandningen. Rosta i 15 till 20 minuter till eller tills grönsakerna är knapriga. Rör om grönsaksblandningen. Strö fisken med den återstående ¼ tsk peppar; lägg fisken ovanpå grönsaksblandningen. Ringla över resterande 1 msk

olivolja. Grädda i cirka 8 till 10 minuter eller tills fisken börjar flagna när den testas med en gaffel.

3. Blanda persilja, fänkålsblad och citronskal i en liten skål. För att servera, dela fisk- och grönsaksblandningen mellan serveringsrätterna. Häll panjuice över fisk och grönsaker. Strö över persiljeblandningen.

PECAN-CRUSTED SNAPPER MED REMOULADE OCH CAJUN-STIL OKRA OCH TOMATER

FÖRBEREDELSE:1 timme Tillagning: 10 minuter Bakning: 8 minuter Gör: 4 portioner

DENNA FÖRETAGSVÄRDA FISKRÄTTTAR LITE TID ATT GÖRA, MEN DE RIKA SMAKERNA GÖR DET VÄL VÄRT DET. REMOULAD - EN MAJONNÄSBASERAD SÅS MED SENAP, CITRON OCH CAJUNKRYDDOR OCH KONFETTERAD MED HACKAD RÖD PAPRIKA, LÖK OCH PERSILJA - KAN GÖRAS DAGEN INNAN OCH KYLAS.

4 msk olivolja

½ kopp finhackade pekannötter

2 msk hackad färsk persilja

1 msk hackad färsk timjan

2 8-ounce röd snapperfiléer, ½ tum tjocka

4 tsk Cajun-krydda (se recept)

½ kopp hackad lök

½ kopp tärnad grön paprika

½ kopp tärnad selleri

1 msk finhackad vitlök

1 pund färska okraskidor, skurna i 1-tums tjocka skivor (eller färsk sparris, skuren i 1-tums längder)

8 gram druv- eller körsbärstomater, halverade

2 tsk hackad färsk timjan

Svartpeppar

Rémoulade (se receptet till höger)

1. Hetta upp 1 msk olivolja i en medelstor stekpanna på medelvärme. Tillsätt pekannötter och skaka i ca. 5 minuter eller tills de är gyllene och doftar, rör om ofta.

Överför pekannötter till en liten skål och låt svalna. Tillsätt persilja och timjan och ställ åt sidan.

2. Värm ugnen till 400°F. Klä en bakplåt med bakplåtspapper eller folie. Ordna snapperfiléerna på bakplåten med skinnsidan nedåt och strö var och en med 1 tsk Cajunkrydda. Använd en konditorivaror och dutta 2 msk olivolja på filéerna. Fördela pekannötsblandningen jämnt mellan filéerna, tryck försiktigt nötterna på ytan av fisken så att de fastnar. Täck alla utsatta områden på fiskfilén med nötter om möjligt. Koka fisken i 8 till 10 minuter eller tills den lätt flagnar med spetsen på en kniv.

3. Värm resterande 1 msk olivolja i en stor panna på medelhög värme. Tillsätt lök, paprika, selleri och vitlök. Koka och rör om i 5 minuter eller tills grönsakerna är knapriga. Tillsätt den skivade okran (eller sparrisen om du använder den) och tomaterna; koka 5 till 7 minuter eller tills okran är knaprig och tomaterna börjar delas. Ta av från värmen och smaka av med timjan och svartpeppar. Servera grönsaker med snapper och Rémoulade.

Remoulad: Pulsera ½ kopp hackad röd paprika, ¼ kopp hackad lök och 2 msk hackad färsk persilja i en matberedare tills den är fin. Tillsätt ¼ kopp Paleo Mayo (se recept), ¼ kopp Dijon-liknande senap (se recept), 1½ tsk citronsaft och ¼ tsk Cajun-krydda (se recept). Puls till kombinerad. Överför till en serveringsskål och kyl till servering. (Remolad kan göras 1 dag i förväg och kylas.)

DRAGON TONFISKBIFF MED AVOKADO-CITRONAIOLI

FÖRBEREDELSE: 25 minuter tillagning: 6 minuter gör: 4 portioner<u>BILD</u>

TILLSAMMANS MED LAX ÄR TONFISK ENAV DE SÄLLSYNTA FISKARTERNA SOM KAN FINHACKAS OCH FORMAS TILL HAMBURGARE. VAR NOGA MED ATT INTE ÖVERBEARBETA TONFISKEN I MATBEREDAREN – ÖVERBEARBETNING GÖR DEN SEG.

1 pund färska eller frysta tonfiskfiléer utan skinn

1 äggvita, lätt vispad

¾ kopp mald gyllene linfrömjöl

1 msk nyskuren dragon eller dill

2 msk hackad färsk gräslök

1 tsk fint rivet citronskal

2 msk linolja, avokadoolja eller olivolja

1 medelstor avokado, kärnad

3 matskedar Paleo Mayo (se<u>recept</u>)

1 tsk fint rivet citronskal

2 tsk färsk citronsaft

1 vitlöksklyfta, finhackad

4 gram babyspenat (ca 4 koppar tätt packade)

⅓ kopp rostad vitlöksvinägrett (se<u>recept</u>)

1 Granny Smith äpple, kärna ur och skär i tändsticksstora bitar

¼ kopp hackade rostade valnötter (se<u>Tips</u>)

1. Tina fisk, om den är fryst. skölj fisk; torka med hushållspapper. Skär fisken i 1½-tums bitar. Lägg fisken i en matberedare; bearbeta med på/av-pulser tills den är finhackad. (Var noga med att inte koka för mycket, annars blir du segare.) Ställ fisken åt sidan.

2. Kombinera äggvita, ¼ kopp av linfrömjölet, dragon, gräslök och citronskal i en medelstor skål. Lägg till fisk; rör om försiktigt för att kombinera. Forma fiskblandningen till fyra ½ tum tjocka biffar.

3. Lägg återstående ½ kopp linfrömjöl i en grund form. Doppa biffar i linfröblandningen, vänd så att de blir jämnt.

4. Hetta upp olja på medelvärme i en extra stor panna. Stek tonfiskbiffarna i het olja i 6 till 8 minuter eller tills en termometer som är insatt horisontellt i köttbullarna visar 160°F, vänd en gång halvvägs genom tillagningstiden.

5. Under tiden, för aïoli, använd en gaffel i en medelstor skål för att mosa avokadon. Tillsätt Paleo Mayo, citronskal, citronsaft och vitlök. Mosa tills det är väl blandat och nästan slätt.

6. Lägg spenaten i en medelstor skål. Ringla spenat med rostad vitlöksvinägrett; kasta till beläggning. För varje servering lägg en tonfiskbiff och en fjärdedel av spenaten på ett serveringsfat. Toppa tonfisk med lite av aïoli. Toppa spenaten med äpple och valnötter. Servera omedelbart.

RANDIG BASTAGINE

FÖRBEREDELSE: 50 minuter kylning: 1 till 2 timmar tillagning: 22 minuter bakning: 25 minuter gör: 4 portioner

EN TAGINE ÄR NAMNET PÅ BÅDE EN TYP AV NORDAFRIKANSK MATRÄTT (EN SORTS GRYTA) OCH DEN KONFORMADE GRYTAN DEN TILLAGAS I. HAR DU INGEN SÅ FUNGERAR EN TÄCKT STEKPANNA ALLDELES UTMÄRKT. CHERMOULA ÄR EN TJOCK NORDAFRIKANSK ÖRTPASTA SOM OFTAST ANVÄNDS SOM MARINAD FÖR FISK. SERVERA DENNA FÄRGGLADA FISKRÄTT MED SÖTPOTATIS- ELLER BLOMKÅLSMOS.

4 6-ounce färska eller frysta randiga bas- eller hälleflundrafiléer, skinn på

1 knippe koriander, hackad

1 tsk finrivet citronskal (lägg åt sidan)

¼ kopp färsk citronsaft

4 msk olivolja

5 vitlöksklyftor, fint hackade

4 tsk mald spiskummin

2 tsk söt paprika

1 tsk mald koriander

¼ tesked malet anis

1 stor lök, skalad, halverad och tunt skivad

1 15-ounce burk utan salt tillsatt tärnade eldrostade tomater, odränerade

½ kopp kycklingbensbuljong (se recept) eller kycklingbuljong utan salt

1 stor gul paprika, kärnad och skär i ½-tums remsor

1 stor apelsin paprika, kärnad och skuren i ½-tums remsor

1. Tina fisk, om den är fryst. skölj fisk; torka med hushållspapper. Lägg fiskfiléerna i en grund, icke-metallisk ugnsform. Ställ fisken åt sidan.

2. Till chermoula, blanda koriander, citronsaft, 2 msk olivolja, 4 hackad vitlöksklyfta, spiskummin, paprika, koriander

och anis i en mixer eller liten matberedare. Täck och bearbeta tills den är slät.

3. Häll hälften av chermoulan över fisken, vänd på fisken så att den täcker båda sidorna. Täck och kyl i 1 till 2 timmar. Täck med återstående chermoula; låt stå i rumstemperatur tills det behövs.

4. Värm ugnen till 325°F. Värm de återstående 2 msk olja på medelhög värme i en stor stekpanna. Tillsätt lök; koka och rör om i 4 till 5 minuter eller tills de är mjuka. Rör ner den återstående 1 klyftan finhackad vitlök; koka och rör om i 1 minut. Tillsätt reserverad chermoula, tomater, kycklingbensbuljong, paprikastrimlor och citronskal. Koka upp; minska värmen. Sjud utan lock i 15 minuter. Om så önskas, överför blandningen till tagine; toppa med fisk och eventuell kvarvarande chermoula från rätten. Omslag; grädda i 25 minuter. Servera omedelbart.

HÄLLEFLUNDRA I VITLÖK-RÄKSÅS MED SOFFRITO COLLARD GREENS

FÖRBEREDELSE: 30 minuter tillagning: 19 minuter gör: 4 portioner

DET FINNS FLERA OLIKA KÄLLOR OCH TYPER AV HÄLLEFLUNDRA, OCH DE KAN VARA AV VITT SKILDA KVALITET - OCH FISKAS UNDER VÄLDIGT OLIKA FÖRHÅLLANDEN. FISKENS HÅLLBARHET, MILJÖN DEN LEVER I OCH DE FÖRHÅLLANDEN UNDER VILKA DEN FÖDS UPP/FISKAS ÄR ALLA FAKTORER SOM AVGÖR VILKEN FISK SOM ÄR BRA ATT ÄTA. BESÖK MONTEREY BAY AQUARIUMS WEBBPLATS (WWW.SEAFOODWATCH.ORG) FÖR DEN SENASTE INFORMATIONEN OM VILKEN FISK MAN SKA ÄTA OCH VILKEN MAN BÖR UNDVIKA.

4 6-ounce färska eller frysta hälleflundrafiléer, cirka 1 tum tjocka

Svartpeppar

6 msk extra virgin olivolja

½ kopp finhackad lök

¼ kopp tärnad röd paprika

2 vitlöksklyftor, fint hackade

¾ tesked rökt spansk paprika

½ tsk hackad färsk oregano

4 koppar collard greener, stjälkade, skurna i ¼-tums tjocka band (cirka 12 uns)

⅓ kopp vatten

8 gram medelstora räkor, skalade, urvattnade och grovt hackade

4 vitlöksklyftor, tunt skivade

¼ till ½ tesked krossad röd paprika

⅓ kopp torr sherry

2 msk citronsaft

¼ kopp hackad färsk persilja

1. Tina fisk, om den är fryst. skölj fisk; torka med hushållspapper. Strö fisken med peppar. Värm 2 matskedar olivolja på medelvärme i en stor panna. Tillsätt filéerna; koka i 10 minuter eller tills den är gyllenbrun och flagnig när den testas med en gaffel, vänd en gång halvvägs genom tillagningen. Lägg över fisken på en tallrik och täck med folie för att hålla den varm.

2. I en annan stor panna värm under tiden 1 msk olivolja på medelvärme. Tillsätt lök, paprika, 2 hackad vitlöksklyfta, paprika och oregano; koka och rör om i 3 till 5 minuter eller tills de är mjuka. Rör ner grönkålen och vattnet. Täck över och koka i 3 till 4 minuter eller tills vätskan har avdunstat och grönsakerna är precis mjuka, rör om då och då. Täck över och håll varmt fram till servering.

3. För räksåsen, tillsätt de återstående 3 matskedarna olivolja i pannan som användes för att tillaga fisken. Tillsätt räkorna, 4 klyftor skivad vitlök och krossad röd paprika. Koka och rör om i 2 till 3 minuter eller tills vitlöken börjar bli gyllene. Tillsätt räkorna; koka 2 till 3 minuter tills räkorna är fasta och rosa. Rör ner sherry och citronsaft. Koka i 1 till 2 minuter eller tills det är något reducerat. Rör ner persiljan.

4. Fördela räksåsen mellan hälleflundrafiléerna. Servera med grönt.

SKALDJUR BOUILLABAISSE

FRÅN BÖRJAN TILL SLUT: 1¾ TIMMAR GÖR: 4 PORTIONER

SOM ITALIENSKA CIOPPINO, DENNA FRANSKA SKALDJURSGRYTAAV FISK OCH SKALDJUR VERKAR REPRESENTERA ETT URVAL AV DAGENS FÅNGST SOM SLÄNGS I EN GRYTA MED VITLÖK, LÖK, TOMATER OCH VIN. DEN KARAKTERISTISKA SMAKEN HOS BOUILLABAISSE ÄR DOCK SMAKKOMBINATIONEN AV SAFFRAN, FÄNKÅL OCH APELSINSKAL.

1 pund färska eller frysta hälleflundrafiléer utan skinn, skurna i 1-tums bitar

4 msk olivolja

2 dl hackad lök

4 vitlöksklyftor, krossade

1 fänkålshuvud, kärna ur och hackad

6 romska tomater, hackade

¾ kopp kycklingbensbuljong (se recept) eller kycklingbuljong utan salt

¼ kopp torrt vitt vin

1 dl finhackad lök

1 fänkålshuvud, kärna ur och finhackad

6 vitlöksklyftor, fint hackade

1 apelsin

3 romska tomater, finhackade

4 saffranstrådar

1 msk hackad färsk oregano

1 pund smallneck musslor, skrubbade och sköljda

1 pund musslor, skägg borttaget, skrubbat och sköljt (se Tips)

Finhackad färsk oregano (valfritt)

1. Tina hälleflundran, om den är frusen. skölj fisk; torka med hushållspapper. Ställ fisken åt sidan.

2. Värm 2 matskedar olivolja över medelvärme i en 6- till 8-liters holländsk ugn. Tillsätt 2 dl hackad lök, 1 hackat fänkålshuvud och 4 pressade vitlöksklyftor i grytan. Koka i 7 till 9 minuter eller tills löken är mjuk, rör om då och då. Tillsätt 6 hackade tomater och 1 hackad fänkålshuvud; koka i 4 minuter till. Tillsätt kycklingbensbuljong och vitt vin i grytan; sjuda i 5 minuter; svalna något. Överför grönsaksblandningen till en mixer eller matberedare. Täck och blanda eller bearbeta tills det är slätt; lägga åt sidan.

3. Värm den återstående 1 msk olivolja i samma holländska ugn på medelvärme. Tillsätt 1 dl finhackad lök, 1 finhackad fänkålshuvud och 6 hackad vitlöksklyfta. Koka på medelvärme i 5 till 7 minuter eller tills de nästan är mjuka, rör om ofta.

4. Använd en grönsaksskalare för att ta bort skalet från apelsinen i breda strimlor; lägga åt sidan. Tillsätt den mosade grönsaksblandningen, 3 hackade tomater, saffran, oregano och apelsinskal till den holländska ugnen. Koka upp; minska värmen för att bibehålla sjud. Tillsätt musslor, musslor och fisk; rör om försiktigt för att täcka fisken med sås. Justera värmen efter behov för att bibehålla en sjud. Täck och låt sjuda i 3 till 5 minuter tills musslorna och musslorna har öppnat sig och fisken börjar flagna när den testas med en gaffel. Häll upp i grunda skålar för servering. Om så önskas, strö över extra oregano.

KLASSISK RÄK CEVICHE

FÖRBEREDELSE: 20 minuter tillagning: 2 minuter kylning: 1 timme stående: 30 minuter
gör: 3 till 4 portioner

DENNA LATINAMERIKANSKA RÄTT ÄR FANTASTISKAV SMAKER OCH TEXTURER. KRISIG GURKA OCH SELLERI, KRÄMIG AVOKADO, VARMA OCH KRYDDIGA JALAPEÑOS OCH DELIKATA, SÖTA RÄKOR BLANDAS I LIMEJUICE OCH OLIVOLJA. I TRADITIONELL CEVICHE "KOKAR" SYRAN I LIMEJUICEN RÄKORNA - MEN ETT SNABBT DOPP I KOKANDE VATTEN LÄMNAR INGENTING ÅT SLUMPEN, SÄKERHETSMÄSSIGT - OCH SKADAR INTE SMAKEN ELLER KONSISTENSEN PÅ RÄKORNA.

1 pund färska eller frysta medelstora räkor, skalade och vägda, svansarna borttagna

½ av en gurka, skalad, kärnad och hackad

1 dl hackad selleri

½ av en liten rödlök, hackad

1 till 2 jalapeños, kärnade och hackade (se Tips)

½ kopp färsk limejuice

2 romska tomater, tärnade

1 avokado, halverad, kärnad, skalad och tärnad

¼ kopp hackad färsk koriander

3 msk olivolja

½ tsk svartpeppar

1. Tina räkor, om de är frysta. Skala och devein räkor; ta bort svansar. Skölj räkor; torka med hushållspapper.

2. Fyll en stor gryta till hälften med vatten. Koka upp. Tillsätt räkor i kokande vatten. Koka, utan lock, 1 till 2 minuter eller bara tills räkor blir ogenomskinliga; dränering. Kör

räkor under kallt vatten och låt rinna av igen. Skär räkor i tärningar.

3. Kombinera räkor, gurka, selleri, lök, jalapeños och limejuice i en extra stor, icke-reaktiv skål. Täck över och kyl i 1 timme, rör om en eller två gånger.

4. Rör ner tomater, avokado, koriander, olivolja och svartpeppar. Täck över och låt stå i rumstemperatur i 30 minuter. Rör om försiktigt innan servering.

KOKOSSKORPA RÄKOR OCH SPENATSALLAD

FÖRBEREDELSE: 25 minuter rostning: 8 minuter gör: 4 portioner<u>BILD</u>

KOMMERSIELLT TILLVERKADE BURKAR MED SPRAY OLIVOLJA KAN INNEHÅLLA SPANNMÅLSALKOHOL, LECITIN OCH DRIVMEDEL - INTE EN BRA BLANDNING NÄR DU FÖRSÖKER ÄTA REN, RIKTIG MAT OCH UNDVIKA SPANNMÅL, OHÄLSOSAMMA FETTER, BALJVÄXTER OCH MEJERIPRODUKTER. EN OLJEMÖRARE ANVÄNDER BARA LUFT FÖR ATT DRIVA OLJAN TILL EN FIN SPRAY – PERFEKT FÖR ATT LÄTT TÄCKA KOKOSNÖTSSKORPOR INNAN BAKNING.

1½ pund färska eller frysta extra stora räkor i skal

Misto sprayflaska fylld med extra virgin olivolja

2 ägg

¾ kopp osötade flingor eller strimlad kokos

¾ kopp mandelmjöl

½ kopp avokadoolja eller olivolja

3 msk färsk citronsaft

2 msk färsk limejuice

2 små vitlöksklyftor, fint hackade

⅛ till ¼ tesked krossad röd paprika

8 dl färsk babyspenat

1 medelstor avokado, halverad, kärnad, skalad och tunt skivad

1 liten orange eller gul paprika, skuren i tunna strimlor

½ kopp skivad rödlök

1. Tina räkor, om de är frysta. Skala och ta bort räkor, lämna svansarna intakta. Skölj räkor; torka med hushållspapper. Värm ugnen till 450°F. Klä en stor bakplåt med folie;

bestryk folien lätt med olja sprayad från Misto-flaskan; lägga åt sidan.

2. Vispa ägg med en gaffel i en grund form. Blanda kokos- och mandelmjöl i en annan grund form. Doppa räkor i ägg, vänd på pälsen. Doppa i kokosblandningen, tryck till beläggning (låt svansarna vara obelagda). Ordna räkor i ett enda lager på den förberedda bakplåten. Belägg toppen av räkorna med olja sprayad från Misto-flaskan.

3. Grädda i 8 till 10 minuter eller tills räkorna är ogenomskinliga och beläggningen är lätt brynt.

4. Under tiden, till dressingen, kombinera avokadoolja, citronsaft, limejuice, vitlök och krossad röd paprika i en liten burk med skruvlock. Täck och skaka väl.

5. För sallader, dela spenat mellan fyra serveringsfat. Toppa med avokado, paprika, rödlök och räkor. Ringla över dressing och servera genast.

TROPISKA RÄKOR OCH PILGRIMSMUSSLA CEVICHE

FÖRBEREDELSE:20 minuter Marinera: 30 till 60 minuter Gör: 4 till 6 portioner

SVAL OCH LÄTT CEVICHE GÖR EN FANTASTISK MÅLTIDFÖR EN VARM SOMMARNATT. MED MELON, MANGO, SERRANO CHILI, FÄNKÅL OCH MANGO-LIME SALLADSDRESSING (SERECEPT), DETTA ÄR EN SÖT-HET VERSION AV ORIGINALET.

1 pund färska eller frysta havsmusslor

1 pund färska eller frysta stora räkor

2 koppar tärnad honungsmelon

2 medelstora mango, urkärnade, skalade och hackade (ca 2 koppar)

1 fänkålshuvud, putsad, delad i fjärdedelar, urkärnad och tunt skivad

1 medelstor röd paprika, hackad (ca ¾ kopp)

1 till 2 serrano chili, kärnade om så önskas och tunt skivade (seTips)

½ kopp lätt packad färsk koriander, hackad

1 recept på mango-lime salladsdressing (serecept)

1. Tina pilgrimsmusslor och räkor, om de är frysta. Dela pilgrimsmusslor på mitten horisontellt. Skala, devein och skär räkorna på mitten horisontellt. Skölj pilgrimsmusslor och räkor; torka med hushållspapper. Fyll en stor gryta till tre fjärdedelar med vatten. Koka upp. Lägg till räkor och pilgrimsmusslor; koka 3 till 4 minuter eller tills räkor och pilgrimsmusslor är ogenomskinliga; rinna av och skölj med kallt vatten för att svalna snabbt. Häll av väl och ställ åt sidan.

2. Kombinera melon, mango, fänkål, paprika, serrano chili och koriander i en extra stor skål. Tillsätt Mango-Lime Salladsdressing; kasta försiktigt för att täcka. Rör

försiktigt ner kokta räkor och pilgrimsmusslor. Marinera i kylen i 30 till 60 minuter innan servering.

JAMAICAN JERK SHRIMP MED AVOKADOOLJA

BÖRJA TILL SLUT: 20 minuter gör: 4 portioner

MED EN TOTAL TID TILL BORDET PÅ 20 MINUTER, DEN HÄR RÄTTEN ERBJUDER ÄNNU EN ÖVERTYGANDE ANLEDNING ATT ÄTA EN HÄLSOSAM MÅLTID HEMMA, ÄVEN PÅ DE MEST HEKTISKA NÄTTERNA.

1 pund färska eller frysta medelstora räkor
1 kopp hackad, skalad mango (1 medium)
⅓ kopp tunt skivad rödlök
¼ kopp hackad färsk koriander
1 msk färsk limejuice
2 till 3 matskedar Jamaican Jerk Krydda (se recept)
1 msk extra virgin olivolja
2 matskedar avokadoolja

1. Tina räkor, om de är frysta. I en medelstor skål, rör ihop mango, lök, koriander och limejuice.

2. Skala och devein räkor. Skölj räkor; torka med hushållspapper. Placera räkor i en medelstor skål. Strö över Jamaican Jerk-krydda; kasta för att täcka räkor på alla sidor.

3. Hetta upp olivolja på medelhög värme i en stor stekpanna. Lägg till räkor; koka och rör om i cirka 4 minuter eller tills den är ogenomskinlig. Ringla räkor med avokadoolja och servera med mangoblandningen.

RÄKRÄKOR MED VISSEN SPENAT OCH RADICCHIO

FÖRBEREDELSE: 15 minuter tillagning: 8 minuter gör: 3 portioner

"SCAMPI" SYFTAR PÅ EN KLASSISK RESTAURANGRÄTT AV STORA RÄKOR SAUTERADE ELLER STEKTA MED SMÖR OCH MYCKET VITLÖK OCH CITRON. DEN HÄR KRYDDADE OLIVOLJAVERSIONEN ÄR PALEO-GODKÄND - OCH NÄRINGSMÄSSIGT BOOSTAD MED EN SNABB SAUTÉ AV RADICCHIO OCH SPENAT.

- 1 pund färska eller frysta stora räkor
- 4 msk extra virgin olivolja
- 6 vitlöksklyftor, fint hackade
- ½ tsk svartpeppar
- ¼ kopp torrt vitt vin
- ½ kopp hackad färsk persilja
- ½ av ett huvud radicchio, kärna ur och tunt skivad
- ½ tsk krossad röd paprika
- 9 dl babyspenat
- Citronskivor

1. Tina räkor, om de är frysta. Skala och ta bort räkor, lämna svansarna intakta. Värm 2 msk olivolja på medelhög värme i en stor panna. Tillsätt räkorna, 4 vitlöksklyftor och svartpeppar. Koka och rör om i cirka 3 minuter eller tills räkorna är ogenomskinliga. Överför räkblandningen till en skål.

2. Tillsätt vitt vin i pannan. Koka, rör om för att lossa eventuell brynt vitlök från botten av pannan. Häll vin över räkor; rulla för att kombinera. Rör ner persilja. Täck löst med folie för att hålla värmen; lägga åt sidan.

3. Tillsätt de återstående 2 msk olivolja, de återstående 2 klyftorna av hackad vitlök, radicchio och krossad röd paprika i pannan. Koka och rör om på medelvärme i 3 minuter eller tills radicchion precis börjar vissna. Rör försiktigt ner spenaten; koka och rör om i 1 till 2 minuter till eller tills spenaten precis vissnat.

4. För att servera, dela spenatblandningen mellan tre serveringsfat; toppa med räkblandning. Servera med citronklyftor för att pressa över räkorna och gröna.

KRABBSALLAD MED AVOKADO, GRAPEFRUKT OCH JICAMA

BÖRJA TILL SLUT:30 minuter gör: 4 portioner

JUMBOKLUMP ELLER BAKFENSKRABBKÖTT ÄR BÄSTFÖR DENNA SALLAD. JUMBOBITAR AV KRABBKÖTT BESTÅR AV STORA BITAR SOM FUNGERAR BRA I SALLADER. BACKFIN ÄR EN BLANDNING AV KROSSADE BITAR AV JUMBOKLUMP AV KRABBKÖTT OCH MINDRE BITAR AV KRABBKÖTT FRÅN KRABBAKROPPEN. ÄVEN OM DEN ÄR MINDRE ÄN JUMBOKLUMPEN FUNGERAR RYGGFENAN ALLDELES UTMÄRKT. FÄRSK ÄR SÅKLART BÄST, MEN TINAD FRYST KRABBA ÄR ETT TREVLIGT ALTERNATIV.

6 dl babyspenat

½ av en medelstor jicama, skalad och skuren*

2 rosa eller rubinröda grapefrukter, skalade, kärnade och delade**

2 små avokado, halverade

1 pund jumboklump eller svanskrabbakött

Basilika-grapefruktdressing (se receptet till höger)

1. Dela spenaten mellan fyra serveringsfat. Toppa med jicama, grapefruktsektioner och eventuell ackumulerad juice, avokado och krabbkött. Ringla över basilika-grapefruktdressing.

Basilika-grapefruktdressing: Kombinera ⅓ kopp extra virgin olivolja i en glasburk; ¼ kopp färsk grapefruktjuice; 2 matskedar färsk apelsinjuice; ½ av en liten schalottenlök, hackad; 2 matskedar finhackad färsk basilika; ¼ tesked krossad röd paprika; och ¼ tesked svartpeppar. Täck och skaka väl.

*Tips: En julienneskalare gör det snabbt att skära jicama i tunna strimlor.

**Tips: För att dela grapefrukt, skär en skiva av stjälken och basen på frukten. Placera den upprätt på en arbetsyta. Skär frukten i sektioner uppifrån och ned, följ fruktens rundade form, för att ta bort skalet i strimlor. Håll frukten över en skål, använd en skalkniv och skär till mitten av frukten på sidorna av varje segment för att frigöra den från märgen. Lägg segmenten i skålen med ackumulerad juice. Kassera märg.

CAJUN LOBSTER TAIL BOIL MED DRAGON AÏOLI

FÖRBEREDELSE:20 minuter tillagning: 30 minuter gör: 4 portionerBILD

FÖR EN ROMANTISK MIDDAG FÖR TVÅ,DETTA RECEPT ÄR LÄTT ATT HALVERA. ANVÄND EN MYCKET VASS KÖKSSAX FÖR ATT KLIPPA UPP SKALET PÅ HUMMERSTJÄRTARNA OCH KOMMA ÅT DET RIKT SMAKSATTA KÖTTET.

2 recept Cajun-krydda (serecept)

12 vitlöksklyftor, skalade och halverade

2 citroner, halverade

2 stora morötter, skalade

2 stjälkar selleri, skalade

2 fänkålslökar, tunt skivade

1 pund hel knappsvamp

4 7- till 8-ounce Maine hummerstjärtar

4 8-tums bambuspett

½ kopp Paleo Aïoli (Vitlöksmayo) (serecept)

¼ kopp Dijon-liknande senap (serecept)

2 msk hackad färsk dragon eller persilja

1. Kombinera 6 dl vatten, Cajun-krydda, vitlök och citroner i en 8-liters gryta. Koka upp; koka i 5 minuter. Sänk värmen för att hålla vätskan kokande.

2. Skär morötterna och sellerin på tvären i fyra bitar. Tillsätt morötter, selleri och fänkål i vätskan. Täck över och koka i 10 minuter. Lägg till svamp; täck och koka i 5 minuter. Använd en hålslev för att överföra grönsaker till en serveringsskål; hålla varm.

3. Börja vid kroppsänden av varje hummerstjärt, skjut in ett spett mellan köttet och skalet, gå nästan hela vägen genom stjärtänden. (Detta kommer att förhindra att svansen krullas när den tillagas.) Minska värmen. Koka hummerstjärtar i den knappt sjudande vätskan i grytan i 8 till 12 minuter eller tills skalen är klarröda och köttet är mört när det sticks hål med en gaffel. Ta bort hummer från matlagningsvätskan. Använd en kökshandduk för att hålla i hummerstjärtarna och ta bort och släng spetten.

4. I en liten skål, rör ihop Paleo Aïoli, Dijon-liknande senap och dragon. Servera med hummer och grönsaker.

MUSSELFRITES MED SAFFRAN AÏOLI

FRÅN BÖRJAN TILL SLUT: 1¼ TIMMAR GÖR: 4 PORTIONER

DETTA ÄR EN PALEOVERSION AV DEN FRANSKA KLASSIKERNMUSSLOR ÅNGADE I VITT VIN OCH ÖRTER OCH SERVERAS MED TUNNA OCH KRISPIGA POMMES FRITES GJORDA PÅ VIT POTATIS. SLÄNG MUSSLOR SOM INTE STÄNGER FÖRRÄN DE ÄR KOKTA - OCH MUSSLOR SOM INTE ÖPPNAR SIG EFTER TILLAGNING.

PALSTERNACKA POMMES FRITES

1½ pund palsternacka, skalad och skuren i 3×¼-tums julienne-remsor

3 msk olivolja

2 vitlöksklyftor, fint hackade

¼ tesked svartpeppar

⅛ tesked cayennepeppar

SAFFRAN AÏOLI

⅓ kopp Paleo Aïoli (Vitlöksmayo) (se recept)

⅛ tesked saffranstrådar, försiktigt krossade

MUSSLOR

4 msk olivolja

½ dl finhackad schalottenlök

6 vitlöksklyftor, fint hackade

¼ tesked svartpeppar

3 dl torrt vitt vin

3 stora kvistar platt bladpersilja

4 pund musslor, rensade och urvattnade*

¼ kopp hackad färsk italiensk (plattbladig) persilja

2 matskedar hackad färsk dragon (valfritt)

1. För palsternackafrites, förvärm ugnen till 450°F. Blötlägg skuren palsternacka i tillräckligt med kallt vatten för att

täcka i kylskåp i 30 minuter; låt rinna av och torka med hushållspapper.

2. Klä en stor bakplåt med bakplåtspapper. Lägg palsternacka i en extra stor skål. I en liten skål, kombinera 3 matskedar olivolja, 2 hackad vitlöksklyfta, ¼ tesked svartpeppar och cayennepeppar; Ringla över palsternacka och rör om. Lägg palsternackan i ett jämnt lager på den förberedda bakplåten. Grädda i 30 till 35 minuter eller tills de är mjuka och börjar få färg, rör om då och då.

3. Till aïoli, rör ihop Paleo Aïoli och saffran i en liten skål. Täck och kyl till servering.

4. Under tiden, i en 6- till 8-liters gryta eller holländsk ugn, värm 4 matskedar olivolja på medelvärme. Tillsätt schalottenlök, 6 vitlöksklyftor och ¼ tesked svartpeppar; koka i ca. 2 minuter eller tills de är mjuka och vissnade, rör om ofta.

5. Tillsätt vin och persiljekvistar i grytan; koka upp. Tillsätt musslor, rör om några gånger. Täck ordentligt och ånga i 3 till 5 minuter eller tills skalen öppnar sig, rör försiktigt två gånger. Kasta eventuella musslor som inte öppnar sig.

6. Överför musslor till grunda sopprätter med en stor skummare. Ta bort och kassera persiljekvistar från matlagningsvätskan; häll kokvätska över musslorna. Strö över hackad persilja och, om så önskas, dragon. Servera genast med palsternackafrites och saffransaïoli.

*Tips: Koka musslor samma dag som de köps. Om du använder vildskördade musslor, blötlägg i en skål med kallt vatten i 20 minuter för att skölja ur gryn och sand. (Detta är inte nödvändigt för gårdsuppfödda musslor.) Använd en styv borste och skrubba musslorna, en i taget, under kallt rinnande vatten. Ta bort musslorna cirka 10 till 15 minuter före tillagning. Skägget är det lilla klustret av fibrer som kommer ut ur skalet. För att ta bort skägget, ta tag i snöret mellan tummen och pekfingret och dra mot gångjärnet. (Denna metod dödar inte musslor.) Du kan också använda tång eller fiskpincett. Se till att skalet på varje mussla är ordentligt stängt. Om några skal är öppna, knacka dem försiktigt på bänken. Kasta eventuella musslor som inte sluter sig inom några minuter. Kasta eventuella musslor med spruckna eller skadade skal.

STEKT PILGRIMSMUSSLOR MED RÖDBETSSMAK

BÖRJA TILL SLUT: 30 minuter gör: 4 portioner<u>BILD</u>

VILKEN VACKER GYLLENE SKORPA, SE TILL ATT YTAN PÅ PILGRIMSMUSSLORNA ÄR VÄLDIGT TORR – OCH ATT PANNAN ÄR FIN OCH VARM – INNAN DU LÄGGER DEM I PANNAN. BRYN OCKSÅ PILGRIMSMUSSLORNA OSTÖRT I 2 TILL 3 MINUTER, KONTROLLERA NOGA INNAN DU VÄNDER DEM.

1 pund färska eller frysta pilgrimsmusslor, torkade med hushållspapper

3 medelstora rödbetor, skalade och hackade

½ av ett Granny Smith-äpple, skalat och hackat

2 jalapeños, stjälkade, kärnade och hackade (se<u>Tips</u>)

¼ kopp hackad färsk koriander

2 msk finhackad rödlök

4 msk olivolja

2 msk färsk limejuice

vitpeppar

1. Tina pilgrimsmusslor, om de är frysta.

2. För att njuta av rödbetor, kombinera rödbetor, äpple, jalapeños, koriander, lök, 2 msk olivolja och limejuice i en medelstor skål. Blanda väl. Ställ åt sidan medan du förbereder pilgrimsmusslorna.

3. Skölj pilgrimsmusslor; torka med hushållspapper. Värm de återstående 2 msk olivolja i en stor stekpanna på medelhög värme. Lägg till pilgrimsmusslor; sautera 4 till 6 minuter eller tills den är gyllenbrun på utsidan och knappt ogenomskinlig. Strö pilgrimsmusslor lätt med vitpeppar.

4. För att servera, dela rödbetsrelish jämnt mellan serveringsfaten; toppa med pilgrimsmusslor. Servera omedelbart.

GRILLADE PILGRIMSMUSSLOR MED GURK-DILLSALSA

FÖRBEREDELSE: 35 minuter kylning: 1 till 24 timmar grill: 9 minuter ger: 4 portioner

HÄR ÄR ETT TIPS FÖR ATT FÅ DEN MEST FELFRIA AVOKADON: KÖP DEM NÄR DE ÄR KLARGRÖNA OCH HÅRDA, OCH MOGNA DEM PÅ DISKEN I NÅGRA DAGAR — TILLS DE GER SIG BARA LITE NÄR DE TRYCKS LÄTT MED FINGRARNA. NÄR DE ÄR HÅRDA OCH OMOGNA FÅR DE INTE BLÅMÄRKEN UNDER TRANSPORT FRÅN MARKNADEN.

12 eller 16 färska eller frysta pilgrimsmusslor (1¼ till 1¾ pund totalt)

¼ kopp olivolja

4 vitlöksklyftor, fint hackade

1 tsk nymalen svartpeppar

2 medelstora zucchini, putsade och halverade på längden

½ av en medelstor gurka, halverad på längden och tunt skivad tvärsöver

1 medelstor avokado, halverad, kärnad, skalad och hackad

1 medelstor tomat, kärnad, kärnad och hackad

2 tsk hackad färsk mynta

1 tsk hackad färsk dill

1. Tina pilgrimsmusslor, om de är frysta. Skölj pilgrimsmusslor med kallt vatten; torka med hushållspapper. Blanda 3 msk olja, vitlök och ¾ tsk peppar i en stor skål. Lägg till pilgrimsmusslor; kasta försiktigt för att täcka. Täck över och kyl i minst 1 timme eller upp till 24 timmar, rör om då och då.

2. Pensla squashhalvorna med resterande 1 msk olja; strö jämnt över återstående ¼ tesked peppar.

3. Låt pilgrimsmusslorna rinna av, släng marinaden. Trä två 10- till 12-tumsspett genom varje pilgrimsmussla, använd 3 eller 4 pilgrimsmusslor för varje par spett, lämna ett halvt tums utrymme mellan pilgrimsmusslorna.* (Att trä pilgrimsmusslorna på två spett hjälper till att hålla dem stabila när de grillas och snusar. .)

4. För en kol- eller gasgrill, placera kammusslor och squashhalvor på grillgallret direkt på medelvärme.** Täck över och grilla tills pilgrimsmusslorna är ogenomskinliga och squashen precis mjuka, vänd halvvägs genom grillningen. Vänta 6 till 8 minuter för pilgrimsmusslor och 9 till 11 minuter för zucchini.

5. Under tiden, för salsan, kombinera gurka, avokado, tomat, mynta och dill i en medelstor skål. Rör om försiktigt för att kombinera. Lägg 1 pilgrimsmussla kabob på var och en av fyra serveringsfat. Skär zucchinihalvorna diagonalt på mitten och lägg på tallrikar med pilgrimsmusslor. Häll gurkblandningen jämnt över pilgrimsmusslorna.

*Tips: Om du använder träspett, blötlägg i tillräckligt med vatten för att täcka i 30 minuter innan du använder.

**Att steka: Förbered enligt anvisningarna genom steg 3. Placera pilgrimsmusslor och zucchinihalvor på det ouppvärmda gallret i en broilerpanna. Koka 4 till 5 inches från värmen tills pilgrimsmusslorna är ogenomskinliga och squashen är precis mjuk, vänd en gång halvvägs genom tillagningen. Vänta 6 till 8 minuter för pilgrimsmusslor och 10 till 12 minuter för zucchini.

STEKT PILGRIMSMUSSLOR MED TOMAT, OLIVOLJA OCH ÖRTSÅS

FÖRBEREDELSE: 20 minuter tillagning: 4 minuter gör: 4 portioner

SÅSEN ÄR NÄSTAN SOM EN VARM VINÄGRETT. OLIVOLJA, HACKAD FÄRSK TOMAT, CITRONSAFT OCH ÖRTER KOMBINERAS OCH VÄRMS UPP MYCKET FÖRSIKTIGT – PRECIS TILLRÄCKLIGT FÖR ATT BLANDA SMAKERNA – SERVERAS SEDAN MED DE SVÄRTADE PILGRIMSMUSSLORNA OCH EN KRISPIG SOLROSSALLAD.

PILGRIMSMUSSLOR OCH SÅS

1 till 1½ pund färska eller frysta pilgrimsmusslor (cirka 12)

2 stora romska tomater, skalade,* kärnade och hackade

½ kopp olivolja

2 matskedar färsk citronsaft

2 msk hackad färsk basilika

1 till 2 tsk finhackad gräslök

1 msk olivolja

SALLAD

4 koppar solrosgroddar

1 citron, tärnad

Extra virgin olivolja

1. Tina pilgrimsmusslor, om de är frysta. Skölj pilgrimsmusslor; torka. Lägg åt sidan.

2. För sås, kombinera tomater, ½ kopp olivolja, citronsaft, basilika och gräslök i en liten kastrull; lägga åt sidan.

3. Värm 1 msk olivolja på medelhög värme i en stor panna. Lägg till pilgrimsmusslor; koka 4 till 5 minuter eller tills

den är brun och ogenomskinlig, vänd en gång halvvägs genom tillagningen.

4. Till salladen, lägg groddarna i en serveringsskål. Pressa citronklyftor över groddar och ringla över lite olivolja. Kasta att kombinera.

5. Värm såsen på låg värme tills den är varm; koka inte. För att servera, häll lite av såsen på mitten av tallriken; toppa med 3 av pilgrimsmusslorna. Servera med groddsalladen.

*Tips: För att enkelt skala en tomat, släpp tomaten i en kastrull med kokande vatten i 30 sekunder till 1 minut eller tills skalet börjar delas. Ta bort tomaten från det kokande vattnet och kasta omedelbart ner i en skål med isvatten för att stoppa tillagningsprocessen. När tomaten är tillräckligt kall för att hantera, ta bort skalet.

KUMMINROSTAD BLOMKÅL MED FÄNKÅL OCH PÄRLLÖK

FÖRBEREDELSE: 15 minuter tillagning: 25 minuter gör: 4 portioner BILD

DET ÄR NÅGOT SÄRSKILT LOCKANDE OM KOMBINATIONEN AV ROSTAD BLOMKÅL OCH DEN ROSTADE, JORDNÄRA SMAKEN AV SPISKUMMIN. DENNA MATRÄTT HAR DEN EXTRA SÖTMA FRÅN TORKADE VINBÄR. OM DU VILL, TILLSÄTT LITE VÄRME MED ¼ TILL ½ TESKED KROSSAD RÖD PAPRIKA TILLSAMMANS MED SPISKUMMIN OCH VINBÄR I STEG 2.

3 matskedar oraffinerad kokosolja
1 medelstor blomkål, skuren i buketter (4 till 5 koppar)
2 huvuden fänkål, grovt hackad
1½ dl fryst pärllök, tinad och avrunnen
¼ kopp torkade vinbär
2 tsk malen spiskummin
Hackad färsk dill (valfritt)

1. Hetta upp kokosolja på medelvärme i en extra stor panna. Tillsätt blomkålen, fänkålen och pärllöken. Täck över och koka i 15 minuter, rör om då och då.

2. Sänk värmen till medel-låg. Lägg till vinbär och spiskummin i pannan; koka utan lock i cirka 10 minuter eller tills blomkålen och fänkålen är mjuka och gyllenbruna. Om så önskas, garnera med dill.

CHUNKY TOMAT-AUBERGINESÅS MED SPAGHETTI SQUASH

FÖRBEREDELSE: 30 minuter bakning: 50 minuter kylning: 10 minuter rostning: 10 minuter gör: 4 portioner

DENNA FRÄCKA ACCESSOAR ÄR LÄTT ATT VÄNDA PÅFÖR EN HUVUDRÄTT. TILLSÄTT CIRKA 1 PUND KOKT KÖTTFÄRS ELLER BISON TILL AUBERGINE-TOMATBLANDNINGEN EFTER ATT HA LÄTT MOSAT DEN MED EN POTATISSTÖT.

1 2- till 2½-pund spaghetti squash

2 msk olivolja

1 kopp hackad, skalad aubergine

¾ kopp hackad lök

1 liten röd paprika, hackad (½ kopp)

4 vitlöksklyftor, fint hackade

4 medelröda mogna tomater, skalade om så önskas och grovt hackade (ca 2 koppar)

½ kopp hackad färsk basilika

1. Värm ugnen till 375°F. Klä en liten bakplåt med bakplåtspapper. Skär spaghetti squash på mitten på tvären. Använd en stor sked för att skrapa ut eventuella frön och snören. Lägg squashhalvorna med de skurna sidorna nedåt på den förberedda bakplåten. Rosta utan lock i 50 till 60 minuter eller tills squashen är mjuk. Kyl på galler i ca 10 minuter.

2. Hetta upp olivolja på medelvärme i en stor stekpanna. Tillsätt lök, aubergine och peppar; koka 5 till 7 minuter eller tills grönsakerna är mjuka, rör om då och då. Tillsätt vitlök; koka och rör om i ytterligare 30 sekunder. Lägg till tomater; koka 3 till 5 minuter eller tills tomaterna är

mjuka, rör om då och då. Mosa blandningen lätt med en potatisstöt. Rör ner hälften av basilikan. Täck över och koka i 2 minuter.

3. Använd en kökshandduk eller handduk för att hålla squashhalvorna. Använd en gaffel för att skrapa squashmassan i en medelstor skål. Dela squashen på fyra serveringsfat. Toppa jämnt med sås. Strö över resterande basilika.

FYLLDA PORTOBELLOSVAMPAR

FÖRBEREDELSE: 35 minuter rostning: 20 minuter rostning: 7 minuter gör: 4 portioner

FÖR ATT FÅ DE FÄRSKASTE PORTOBELLOS, LETA EFTER SVAMPAR SOM FORTFARANDE HAR SINA STJÄLKAR INTAKTA. GÄLARNA SKA SE FUKTIGA UT, MEN INTE BLÖTA ELLER SVARTA OCH SKA HA BRA AVSTÅND MELLAN DEM. FÖR ATT FÖRBEREDA NÅGON TYP AV SVAMP FÖR MATLAGNING, TORKA MED EN LÄTT FUKTAD PAPPERSHANDDUK. DOPPA ALDRIG SVAMPAR ELLER BLÖTLÄGG DEM I VATTEN - DE ÄR MYCKET ABSORBERANDE OCH BLIR MOSIGA OCH VATTNIGA.

- 4 stora portobellosvampar (cirka 1 pund totalt)
- ¼ kopp olivolja
- 1 matsked rökkrydda (se recept)
- 2 msk olivolja
- ½ dl hackad schalottenlök
- 1 msk finhackad vitlök
- 1 pund mangold, skakad och hackad (cirka 10 koppar)
- 2 tsk medelhavskryddor (se recept)
- ½ dl hackade rädisor

1. Värm ugnen till 400°F. Ta bort stjälkar från svampar och reservera för steg 2. Använd spetsen på en sked för att skrapa ut gälarna ur locken; kasta gälar. Placera svamplock i en 3-quart rektangulär ugnsform; borsta båda sidorna av svampen med ¼ kopp olivolja. Vänd svamplocken så att de skaftade sidorna är uppåt; strö över rökkrydda. Täck ugnsformen med folie. Grädda, täckt, i cirka 20 minuter eller tills de är mjuka.

2. Hacka under tiden reserverade svampstjälkar; lägga åt sidan. För att förbereda mangold, ta bort tjocka revben från bladen och kassera. Grovhacka mangoldbladen.

3. Värm de 2 msk olivolja på medelvärme i en extra stor panna. Tillsätt schalottenlök och vitlök; koka och rör om i 30 sekunder. Tillsätt hackade svampstjälkar, hackad mangold och medelhavskrydda. Koka utan lock i 6 till 8 minuter eller tills mangold är mjuk, rör om då och då.

4. Fördela mangoldblandningen mellan svamphatten. Ringla eventuell vätska som finns kvar i ugnsformen över de fyllda svamparna. Toppa med hackade rädisor.

FRITERAD RADICCHIO

FÖRBEREDELSE: 20 minuter tillagning: 15 minuter gör: 4 portioner

RADICCHIO ÄTS OFTAST SOM EN DEL AV EN SALLAD FÖR ATT GE EN BEHAGLIG BESKA BLAND GRÖNSAKER – MEN DEN KAN OCKSÅ ROSTAS ELLER GRILLAS PÅ EGEN HAND. EN LÄTT BITTERHET ÄR INNEBOENDE I RADICCHIO, MEN DU VILL INTE ATT DEN SKA VARA ÖVERVÄLDIGANDE. LETA EFTER MINDRE HUVUDEN VARS BLAD SER FRÄSCHA OCH KRISPIGA UT – INTE VISSNADE. DEN SKURNA ÄNDEN KAN VARA NÅGOT BRUN, MEN SKA VARA MEST VIT. I DET HÄR RECEPTET TILLFÖR EN SKVÄTT BALSAMVINÄGER INNAN SERVERING EN HINT AV SÖTMA.

2 stora huvuden radicchio

¼ kopp olivolja

1 tsk medelhavskryddor (se recept)

¼ kopp balsamvinäger

1. Värm ugnen till 400°F. Kvartera radicchio, lämna lite av kärnan kvar (du bör ha 8 klyftor). Pensla de skurna sidorna av radicchio-klyftorna med olivolja. Placera klyftor, skära sidorna nedåt, på en bakplåt; strö över medelhavskryddor.

2. Grädda ca. 15 minuter eller tills radicchio vissnar, vänd en gång halvvägs genom tillagningen. Lägg upp radicchion på ett serveringsfat. Ringla balsamvinäger; servera omedelbart.

ROSTAD FÄNKÅL MED APELSINVINÄGRETT

FÖRBEREDELSE: 25 minuter bakning: 25 minuter gör: 4 portioner

SPARA EVENTUELL ÖVERBLIVEN VINÄGRETT ATT SLÄNGA MED GRÖNSALLAD – ELLER SERVERA TILL GRILLAT FLÄSK, FÅGEL ELLER FISK. FÖRVARA ÖVERBLIVEN VINÄGRETT I EN TÄTT TÄCKT BEHÅLLARE I KYLEN I UPP TILL 3 DAGAR.

6 msk extra virgin olivolja, plus mer för borstning

1 stor fänkålslök, putsad, urkärnad och skivad (reservera blad för garnering om så önskas)

1 rödlök, tärnad

½ av en apelsin, tunt skivad i rundor

½ kopp apelsinjuice

2 msk vitvinsvinäger eller champagnevinäger

2 msk äppelcider

1 tsk malda fänkålsfrön

1 tsk finrivet apelsinskal

½ tsk Dijon-liknande senap (se recept)

Svartpeppar

1. Värm ugnen till 425°F. Pensla ett stort bakplåtspapper lätt med olivolja. Lägg fänkål, lök och apelsinskivor på bakplåtspapper; ringla över 2 msk olivolja. Kasta försiktigt grönsaken för att täcka den med olja.

2. Rosta grönsaker i 25 till 30 minuter eller tills grönsakerna är mjuka och ljust gyllene, vänd en gång halvvägs genom stekningen.

3. Under tiden, för apelsinvinägrett, kombinera apelsinjuice, vinäger, äppelcider, fänkålsfrön, apelsinskal, Dijon-

liknande senap och peppar efter smak i en mixer. Med mixern igång, tillsätt långsamt de återstående 4 matskedar olivolja i en tunn stråle. Fortsätt blanda tills vinägretten tjocknar.

4. Lägg över grönsakerna till ett serveringsfat. Ringla grönsaker med lite av vinägretten. Om så önskas, garnera med reserverade fänkålsblad.

SAVOYKÅL I PUNJABI-STIL

FÖRBEREDELSE: 20 minuter tillagning: 25 minuter gör: 4 portionerBILD

DET ÄR FANTASTISKT VAD SOM HÄNDERTILL EN MILT SMAKSATT, OPRETENTIÖS KÅL NÄR DEN TILLAGAS MED INGEFÄRA, VITLÖK, CHILI OCH INDISKA KRYDDOR. ROSTAD SENAP, KORIANDER OCH SPISKUMMIN GER DENNA RÄTT BÅDE SMAK OCH CRUNCH. VAR MEDVETEN OM: DET ÄR VARMT! FÅGELNÄBB CHILI ÄR SMÅ MEN VÄLDIGT KRAFTFULLA – OCH TILL RÄTTEN HÖR ÄVEN JALAPEÑO. OM DU FÖREDRAR MINDRE VÄRME, ANVÄND BARA JALAPEÑO.

- 1 2-tums knopp färsk ingefära, skalad och skuren i ⅓-tums skivor
- 5 vitlöksklyftor
- 1 stor jalapeño, skakad, kärnad och halverad (seTips)
- 2 tsk garam masala utan tillsatt salt
- 1 tsk mald gurkmeja
- ½ kopp kycklingbensbuljong (serecept) eller kycklingbuljong utan salt
- 3 matskedar raffinerad kokosolja
- 1 msk svarta senapsfrön
- 1 tsk korianderfrön
- 1 tsk spiskummin
- 1 hel fågelnäbb chile (chile de arbol) (seTips)
- 1 3-tums kanelstång
- 2 koppar tunt skivad gul lök (ca 2 medelstora)
- 12 koppar tunt skivad savoykål (cirka 1½ pund)
- ½ kopp hackad färsk koriander (valfritt)

1. Kombinera ingefära, vitlök, jalapeño, garam masala, gurkmeja och ¼ kopp kycklingbensbuljong i en matberedare eller mixer. Täck och bearbeta eller blanda tills det är slätt; lägga åt sidan.

2. Blanda kokosolja, senapsfrön, korianderfrön, spiskummin, chili och kanelstång i en extra stor panna. Koka på medelhög värme, skaka pannan ofta, i 2 till 3 minuter eller tills kanelstången vecklas ut. (Var försiktig - senapsfrön kommer att poppa och sprattla när de tillagas.) Tillsätt lök; koka och rör om i 5 till 6 minuter eller tills löken är lätt brynt. Tillsätt ingefärsblandningen. Koka i 6 till 8 minuter eller tills blandningen är vackert karamelliserad, rör om ofta.

3. Tillsätt kål och återstående kycklingbensbuljong; Blanda väl. Täck över och koka i cirka 15 minuter eller tills kålen är mjuk, rör om två gånger. Avtäck pannan. Koka och rör om i 6 till 7 minuter eller tills kålen är lätt brynt och överflödig kycklingbensbuljong avdunstar.

4. Ta bort och släng kanelstången och chilin. Om så önskas, strö över koriander.

KANEL-ROSTAD BUTTERNUT SQUASH

FÖRBEREDELSE:20 minuters rostning: 30 minuter ger: 4 till 6 portioner

EN SKVÄTT CAYENNEPEPPARGER DESSA SÖTA ROSTADE KUBER AV SQUASH BARA EN ANTYDAN TILL VÄRME. DET ÄR LÄTT ATT UTELÄMNA OM DU FÖREDRAR DET. SERVERA DENNA ENKLA SIDA MED HELSTEKT FLÄSK ELLER FLÄSKKOTLETTER.

1 butternut squash (ca 2 pund), skalad, kärnade och skuren i ¾-tums kuber

2 msk olivolja

½ tsk mald kanel

¼ tesked svartpeppar

⅛ tesked cayennepeppar

1. Värm ugnen till 400°F. Blanda squash med olivolja, kanel, svartpeppar och cayennepeppar i en stor skål. Klä en stor bakplåt med bakplåtspapper. Bred ut squashen i ett enda lager på bakplåten.

2. Rosta i 30 till 35 minuter eller tills squashen är mjuk och brun i kanterna, rör om en eller två gånger.

STEKT SPARRIS MED POCHERAT ÄGG OCH PEKANNÖTTER

BÖRJA TILL SLUT:15 minuter gör: 4 portioner

DETTA ÄR EN VARIANT PÅ EN KLASSIKERFRANSK GRÖNSAKSRÄTT SOM KALLAS SPARRISMIMOSA – SÅ KALLAD FÖR ATT DET GRÖNA, VITA OCH GULA I DEN FÄRDIGA RÄTTEN SER UT SOM EN BLOMMA MED SAMMA NAMN.

1 pund färsk sparris, putsad
5 msk rostad vitlöksvinägrett (se recept)
1 hårdkokt ägg, skalat
3 msk hackade pekannötter, rostade (se Tips)
Nymalen svartpeppar

1. Placera ugnsgaller 4 tum från värmeelementet; förvärm broiler till högt.

2. Bred ut sparrisspjuten på en plåt. Ringla över 2 msk rostad vitlöksvinägrett. Använd dina händer och rulla sparrisen för att täcka med vinägretten. Koka i 3 till 5 minuter eller tills det är blåsigt och mjukt, vänd sparrisen efter varje minut. Överför till ett serveringsfat.

3. Skär ägget på mitten; tryck ägg genom en sil över sparrisen. (Du kan också riva ägget med de stora hålen på ett rivjärn.) Ringla över sparrisen och ägget med de återstående 3 msk rostad vitlöksvinägrett. Toppa med pekannötter och strö över peppar.

KNÄCKIG KÅLSALLAD MED RÄDISOR, MANGO OCH MYNTA

BÖRJA TILL SLUT: 20 minuter gör: 6 portioner BILD

3 msk färsk citronsaft
¼ tsk cayennepeppar
¼ tsk mald spiskummin
¼ kopp olivolja
4 koppar strimlad vitkål
1½ dl mycket tunt skivade rädisor
1 kopp tärnad mogen mango
½ dl skivad salladslök
⅓ kopp hackad färsk mynta

1. Till dressing, blanda citronsaft, cayennepeppar och malen spiskummin i en stor skål. Vispa i olivoljan i en tunn stråle.

2. Tillsätt kål, rädisor, mango, lök och mynta till dressingen i skålen. Rör om väl för att kombinera.

STEKTA KÅLRUNDOR MED KUMMIN OCH CITRON

FÖRBEREDELSE: 10 minuters rostning: 30 minuter ger: 4 till 6 portioner

3 msk olivolja
1 medelstor vitkål, skuren i 1 tum tjocka rundlar
2 tsk senap i Dijon-stil (se recept)
1 tsk fint rivet citronskal
¼ tesked svartpeppar
1 tsk kumminfrön
Citronskivor

1. Värm ugnen till 400°F. Pensla en bakplåt med en stor kant med 1 msk olivolja. Ordna kålrundor på plåt; lägga åt sidan.

2. I en liten skål, vispa ihop de återstående 2 msk olivolja, Dijon-liknande senap och citronskal. Pensla över kålrundorna på bakplåtspapper, och se till att senapen och citronskalet är jämnt fördelat. Strö över peppar och kummin.

3. Rosta i 30 till 35 minuter eller tills kålen är mör och kanterna är gyllenbruna. Servera med citronklyftor att pressa över kål.

ROSTAD KÅL MED APELSIN-BALSAMVINKLADD

FÖRBEREDELSE: 15 minuter rostning: 30 minuter gör: 4 portioner

3 msk olivolja
1 litet kålhuvud, kärna ur och skär i 8 skivor
½ tsk svartpeppar
⅓ kopp balsamvinäger
2 tsk fint rivet apelsinskal

1. Värm ugnen till 450°F. Pensla en bakplåt med en stor kant med 1 msk olivolja. Ordna kålbitar på plåten. Pensla kålen med de återstående 2 msk olivolja och strö över peppar.

2. Rosta kålen i 15 minuter. Vänd kålbitar; koka ca. 15 minuter till eller tills kålen är mör och kanterna är gyllenbruna.

3. Kombinera balsamvinäger och apelsinskal i en liten kastrull. Koka upp på medelvärme; minska. Sjud utan lock i cirka 4 minuter eller tills den reducerats till hälften. Ringla över rostade kålskivor; servera omedelbart.

BRÄSERAD KÅL MED KRÄMIG DILLSÅS OCH ROSTADE VALNÖTTER

FÖRBEREDELSE: 20 minuter tillagning: 40 minuter gör: 6 portioner

3 msk olivolja
1 schalottenlök, finhackad
1 litet grönkålshuvud, skär i 6 skivor
½ tsk svartpeppar
1 kopp kycklingbensbuljong (se recept) eller kycklingbuljong utan salt
¾ kopp cashewgrädde (se recept)
4 tsk fint rivet citronskal
4 tsk hackad färsk dill
1 msk finhackad lök
¼ kopp hackade valnötter, rostade (se Tips)

1. Hetta upp olivolja på medelhög värme i en extra stor panna. Lägg till schalottenlök; koka 2 till 3 minuter eller tills de är mjuka och lättbruna. Lägg kålbitar i pannan. Tillaga utan lock i 10 minuter eller tills de fått lite färg på varje sida, vänd en gång halvvägs genom tillagningen. Strö över peppar.

2. Tillsätt kycklingbensbuljong i pannan. Koka upp; minska värmen. Täck över och låt sjuda i 25 till 30 minuter eller tills kålen är mjuk.

3. Under tiden, för den krämiga dillsåsen, rör ihop cashewgrädde, citronskal, dill och lök i en liten skål.

4. För att servera, överför kålbitar till serveringsfat; ringla över pannsaft. Toppa med dillsås och strö över rostade valnötter.

STEKT GRÖNKÅL MED ROSTADE SESAMFRÖN

FÖRBEREDELSE: 20 minuter tillagning: 19 minuter gör: 4 portioner

2 msk sesamfrön
2 matskedar raffinerad kokosolja
1 medelstor lök, tunt skivad
1 medelstor tomat, hackad
1 msk finhackad färsk ingefära
3 vitlöksklyftor, fint hackade
¼ tsk krossad röd paprika
½ av ett 3 till 3½ pund grönkålshuvud, kärna ur och mycket tunt skivad

1. Rosta sesamfrön på medelvärme i en extra stor, torr stekpanna i 3 till 4 minuter eller tills de är gyllenbruna, rör nästan konstant. Överför fröna till en liten skål och svalna helt. Överför frön till en ren krydd- eller kaffekvarn; puls att mala grovt. Ställ malda sesamfrön åt sidan.

2. Värm under tiden kokosolja på medelhög värme i samma extra stora stekpanna. Tillsätt lök; koka ca 2 minuter eller bara tills de är lite mjuka. Rör ner tomat, ingefära, vitlök och krossad röd paprika. Koka och rör om i ytterligare 2 minuter.

3. Tillsätt skivad kål till tomatblandningen i pannan. Kasta med en tång för att kombinera. Koka i 12 till 14 minuter eller tills kålen är mjuk och börjar bli brun, rör om då och då. Tillsätt malda sesamfrön; rör om väl för att kombinera. Servera omedelbart.

www.ingramcontent.com/pod-product-compliance
Lightning Source LLC
Chambersburg PA
CBHW070421120526
44590CB00014B/1485